왜 유명한 거야, 이 그림? 한국 미술

왜 유명한 거야, 이 그림?
한국 미술

왜 유명한 거야, 이 그림? 한국 미술

이유리 글 허현경 그림

우리학교

아는 만큼 보이는 한국 미술의 세계로

어린이 독자 여러분, 안녕하세요? 〈모나리자〉, 〈기억의 지속〉 같은 그림이 왜 유명해졌는지, 그 이유를 다룬 책『왜 유명한 거야, 이 그림?』을 쓴 작가 이유리입니다.『왜 유명한 거야, 이 그림?』은 그동안 어린이 여러분의 사랑을 듬뿍 받았답니다. 책을 읽은 덕분에 미술관에 가서도 주눅 들지 않고, 더 자신 있게 그림을 감상할수 있었다는 이야기를 참 많이 들었어요. 명화가 왜 유명한지 줄줄 설명할 수 있게 되어 선생님의 칭찬을 받았다는 어린이도 있었어요. 지은이로서 정말 뿌듯했답니다!

그러던 어느 날, 한 어린이가 저에게 우리나라 조상님들이 그린 그림은 여전히 잘 모르겠다면서 아쉽다고 했어요. 사실 우리나라 화가들이 그린 그림 중에도 유명한 작품이 많은데, 왜 유명한지 이유를 모르는 사람들이 많아요. 심지어 한국 작품들은 더 어렵게 느껴지기도 해요. 실제로 빈센트 반 고흐나 뭉크 같은 먼 나라 예술가들의 이름은 익숙한데, 정작 우리나라의 화가 안견과 정선은 누군지 몰라 갸우뚱하죠. 작품도 왠지 낯설게 느껴지고요.

어쩌면 당연해요. 사실, 우리가 서양 미술을 더 잘 아는 이유는 더 자주 접해 왔기 때문이에요. 근대화 과정에서 서양의 문화가 우리나라에 물밀듯 들어왔고, 그때부터 우리나라 사람들도 전통 미술보다 서양 미술을 더 많이 만나게 되었어요. 학교에서도 서양화 중심으로 교육이 이뤄졌고, 한국화보다는 서양화를 다루는 책들이 훨씬 많았죠. 그 결과 서양화가 오히려 더 친숙하고, 쉽게 느껴지는 상황에 이르렀어요.

하지만 우리 조상님들이 그린 그림에도 서양화 못지않게 아름답고 특별한 이야기가 가득 담겨 있답니다! 알쏭달쏭한 한자가 있어서 왠지 어렵게 느껴지고, 색깔도 알록달록하지 않아서 지루해 보인다고요? 아까 얘기했듯이, 그건 사실 서양화만큼 우리나라 그림을 자주 만나지 못해서 생긴 오해랍니다! 영어를 몰라도 서양화를 잘 이해할 수 있는 것처럼 한자를 몰라도 화가가 그림 속에 어떠한 생각을 담았는지, 무엇을 그렸기에 지금까지 유명한 것인지 알 수 있어요. 그리고 우리나라 그림은 시커먼 먹물로 그린 작품만 있는 것도 아니랍니다. 〈까치 호랑이〉와 〈책거리〉 같은 알록달록한 그림은 우리의 편견을 보기 좋게 깨뜨려 줄 거예요.

이 책을 읽고 나면 왜 어른들이 '아는 만큼 보인다'라는 말을 하는지 깨달을 수 있을 거예요. 5만 원 지폐 속의 신사임당은 왜 최고의 화가로 인정받는지, TV를 전시장에 놓은 백남준은 도대체 무슨 이유로 세계적인 예술가로 평가받는지, 금동반가사유상은 왜 국보라고 칭송받는지 궁금하지 않나요? 김홍도와 박수근, 이중섭과 천경자의 이름은 들어 봤는데 정작 어떤 그림이 알려졌는지, 그 그림이 왜 유명한지는 잘 모르겠다고요? 바로 이 책이 여러분의 물음표를 느낌표로 바꾸어 줄 길잡이 역할을 톡톡히 해 줄 거예요.

자, 그럼 우리나라의 멋진 그림들 속으로 함께 떠나 볼까요?

먹물 향기 가득한 두루마리 화집을 펼치며,

이유리

차례

이중섭, 〈소〉

1954년경, 종이에 에나멜 유채,
호암미술관

1

한국인의 영혼을 담다
이중섭 〈소〉

우아, 소의 콧김까지 느껴지는 것 같아요.
울음소리도 들릴 것 같고요!

그러게. 뭔가를 세게 들이받을 것 같은 모습이야.
엄청난 힘이 느껴지는 것 같지 않니?

네, 꼭 스페인 투우 경기장의 소 같아요.
분명 우리나라 소일 텐데 말이에요. 화가 난 걸까요?
다른 소랑 싸우는 거예요?

아니. 이중섭은 소싸움 풍속이 없었던 우리나라
북부지방 출신이야. 그런데 왜 이런 소를
그렸을지 궁금하지 않니?

이중섭, <소>, 1954년경, 종이에 에나멜 유채, 호암미술관

무덤 안에서 꿈을 꾼 소년

이중섭(1916~1956)은 소 그림을 많이 그린 걸로 유명한 화가야. 소 그림만 무려 열다섯 점도 넘게 그렸지! 대부분 콧김을 내뿜으며 당장이라도 그림 밖으로 뛰쳐나올 듯 힘찬 모습으로 소를 묘사했어. 그런데 이중섭은 왜 그렇게 성난 소를 자주 그렸던 걸까?

이중섭은 일본이 우리나라를 식민지로 삼았던 암울한 시기에 태어났어. 지금은 북한 땅인 평안남도 평원군이라는 곳이 있거든. 그곳이 이중섭의 고향이야. 어릴 적부터 이중섭은 그림을 그리는 걸 좋아했대. 누가 사과를 주면 친구들은 베어 무느라 바빴지만, 이중섭은 사과 그림부터 그리고 먹었다고 해. 심지어는 고구려 때 만들어진 무덤 속에서 잠든 적도 있었대. 고향 근처에 고구려 시대의 옛 무덤이 있었는데, 그 안에 고구려 벽화가 있었거든. 시간 가는 줄 모르고 벽화를 구경하다가 스르르 잠들어 버린 거지. 이 정도면 그림에 얼마나 열정이 가득한 소년이었는지 알겠지?

이렇게 그림을 좋아하던 이중섭의 관심을 끈 건 바로 소였어. 소는 벼농사를 짓는 우리나라 사람들이 흔히 길렀던 동물이었거든. 꾀부리지 않고 묵묵히 맡은 일을 성실하게 해내는 소는 정말 믿음직스럽지. 성격은 순하면서도 힘은 센 동물이라, 우리나라 사람들의 기질을 닮았다고도 해. 이중섭은 그래서 소에게 더 정이 갔을 거야. 한번은 남의 집 소를 너무 열심히 관찰하다가 소도둑으로 몰려 경찰에 붙잡혀 가기까지 할 정도였대.

로미오와 줄리엣, 이중섭과 이남덕

소 그림을 열심히 그리던 소년 이중섭은 그림을 본격적으로 공부하기 위해 일본으로 유학을 떠났어. 그런데 그곳에서 운명처럼 사랑하는 사람을 만났지 뭐야. 바로 미술학교 2년 후배인 야마모토 마사코였지. 그때가 1938년, 아직 우리나라가 일본의 식민지였던 시절이었어. 조선인과 일본인의 사랑이 쉽지 않았겠지? 그런데 얼마나 마

사코를 좋아했던지 이중섭이 상사병으로 앓아누운 적도 있었대. 어느 날, 이중섭의 친구가 하숙방에 찾아갔더니 이중섭이 "그녀에게 좋아한다는 이야기를 전하고 싶었는데, 아무 말도 못 하고 돌아오는 날에는 몸에 열이 나서 견딜 수 없어."라고 말하면서 가슴 아파했대. 꼭 '로미오와 줄리엣' 같지?

둘은 그렇게 서로를 사랑했는데, 어쩔 수 없이 이별할 수밖에 없는 상황이 왔어. 제2차 세계 대전과 태평양 전쟁 때문에 온통 아수라장이었거든. 자칫하면 전쟁터에 끌려갈 수 있었기에 이중섭은 일본에 머물 수 없었어. 어쩔 수 없이 마사코를 일본에 두고 1943년에 홀로 귀국했지. 하지만 이대로 이중섭과 헤어질 수 없었던 마사코는 1945년 4월, 이중섭을 만나러 조선으로 건너왔대. 너무 멋있지? 그렇게 두 사람은 결혼했고, 마사코는 이남덕이라는 우리나라식 이름을 얻게 되었대.

제주도? NO 신혼여행, YES 피난살이

그러나 이중섭과 이남덕의 꿈결 같은 신혼 생활은 오래가지 못했어. 해방이 되었지만, 곧 한국 전쟁이 터졌거든. 당시 한반도에 있던 사람들 대부분이 그랬듯 이중섭 부부는 피난길에 올랐고, 빈털터리로 부산까지 쫓기듯 내려갔어. 먹을 것도 부족하고 비좁은 피난민 수용소에서 모르는 사람들과 다닥다닥 붙어 지내야 하는 생활이 얼마나 힘들었겠어? 그래서 이중섭은 가족들을 데리고 제주도까지 내려가 산 적도 있었어. 그래서 제주 서귀포시에는 '이중섭 거리'가 있단다.

하지만 제주도 역시 먹을거리가 없긴 마찬가지였어. 이중섭과 가족들은 게만 잔뜩 잡아먹었지. 게는 비싸고 맛있지 않냐고? 다른 것은 하나도 먹지 못하고, 매일 바닷가에 돌아다니는 자그마한 게만 겨우 잡아서 먹어야 한다고 생각해 봐. 게라면 쳐다보기도 싫을 정도로 힘들었겠지? 이중섭이 제주 시절을 돌이키며 그린 작품엔 유독 게가 많이 등장하는데, 이중섭은 그 이유를 이렇게 설명하기도 했대. "먹을 것이 없던 제주도 시절, 게를 하도 많이 잡아먹어서 게들에게 미안해서 그랬습니다."

이중섭, <그리운 제주도 풍경>, 1954년경, 종이에 잉크, 개인 소장

제대로 된 집도 없이 헛간을 빌려 사는 가난한 제주살이였지만,
이중섭은 행복했었나 봐. 그래도 가족이 함께 살 수 있었으니까.

〈그리운 제주도 풍경〉은 이중섭이 제주도에서 살던 시절을 떠올리면서 그린 작품이야. 바닷가에서 게와 씨름하며 놀고 있는 두 아들의 모습을 이중섭과 이남덕이 흐뭇하게 바라보고 있지. 하지만 게만 먹는 생활을 지속할 순 없었어. 너무 열악한 생활 때문이었는지 가족들의 건강이 나빠지기 시작했거든. 아이들은 영양실조에 걸리고, 이남덕마저 폐결핵에 걸려 버렸지. 어쩔 수 없이 이남덕은 아이들을 데리고 친정이 있는 일본에 갔어. 이중섭은 가족들이 일본에서 건강만 회복하면 다시 모두 함께 살 수 있을 거라고 생각했지. 그렇지만 그 기대는 어긋났어. 역시나 가난이 문제였지.

가난을 은박지로 포장하면?

이중섭, <가족에 둘러싸여 그림을 그리는 화가>, 1952~1953년, 은종이, 개인 소장

이중섭은 그림을 그릴 도화지조차 마련할 수 없을 정도로 돈이 없었어. 그러던 어느 날, 담뱃갑 속에 있던 은박지에다 그림을 그리기 시작했어. 도구와 재료 탓을 하기는커녕, 자신에게 주어진 상황 안에서 최선을 다해 그림을 그린 거지! 이 '은지화'는 독특한 효과가 났어. 은박지에 꼬부라진 못으로 그림을 그리고 그 위에 진한 물감을 바른 뒤, 물감이 마르기 전에 다시 닦아 내면 움푹 파인 곳에만 잉크가 남아 자연스럽게 그림의 선만 진하게 물들었거든. 물감을 최

소한으로 사용할 수 있는 데다가 크기가 작고 보관도 쉬워서 이중섭은 은지화를 많이 그렸대. 은지화 〈가족에 둘러싸여 그림을 그리는 화가〉를 한번 볼까? 그림 밖의 진짜 아이가 그림 안의 물고기를 낚시하는 등 현실과 환상이 마구 뒤섞여 있어. 엽서 크기보다 조금 작은 은박지 위에 엄청 멋진 세계를 창조해 놓았지? 은박지 위에 그림을 그리려면 실수 없이 한 번에 선을 그어야 하는데, 이걸 보면 이중섭의 실력이 얼마나 뛰어난지 알 수 있지!

붉은 소가 된 자화상

하지만 이런 예술적 성취와는 별개로, 이중섭은 가족과 만나지 못한다는 절망이 점점 커져만 갔어. 가족과 함께 살고 싶다는 것은 누군가에게는 정말로 소박한 소망이지만, 이중섭에게는 너무나 어려운 숙제였어. 그림 도구를 살 돈조차 없는데 일본으로 가는 배 푯값은 당연히 마련할 수 없었지. 이때 그린 〈붉은 소〉를 볼까? 불타는 하늘을 배경으로 고개를 쳐든 소의 표정을 보면 누구나 놀라게 돼. 우리가 시골에서 흔히 보는 소의 순진하고 선한 눈빛

가족들이 보고 싶어.

이중섭, <붉은 소>, 1954년경, 종이에 유채, 개인 소장

이 아니거든. 마치 감정이 북받쳐 올라 울부짖는 듯한 표정을 짓고 있지. 가족을 만나지도 못할 만큼 스스로가 능력 없는 사람이라는 부끄러움과, 사랑하는 사람들과 헤어지게 만든 세상을 향한 분노가 붉은색의 배경과 소의 표정을 통해 드러나는 듯해. 그러니까 〈붉은 소〉는 이중섭의 자화상과 마찬가지야. 이중섭은 이 자화상 같은

〈붉은 소〉 그림을 완성하고 2년이 지난 뒤, 평생의 소원이었던 '가족과 함께 살기'를 끝내 이루지 못한 채 간염으로 쓸쓸히 세상을 떠났어. 너무 안타깝지?

건진, 건진, 또 건진!

이처럼 이중섭의 그림은 화가의 사연 많은 인생이 오롯이 드러나 있다는 점에서도 인상적이지만, 마치 우리 민족의 초상처럼 보여서 유명하기도 해. 〈소〉가 그려진 시기는 우리나라 사람들이 일제 강점기를 힘들게 거쳐 온 것도 모자라 한국 전쟁까지 겪은 직후였어. 경제적으로나 정서적으로나 무척이나 어려운 시기였지. 그런데 이중섭의 〈소〉 그림을 보면 이렇게 무지막지하게 닥쳐오는 어려움을 온몸으로 들이받고, 앞으로 나아가겠다는 의지가 느껴지지 않니? 그래서 사람들은 〈소〉 그림을 보며 위로받았어. 끊임없이 고통을 주는 시대 상황에 분노하면서도 이런 현실에 끝까지 꺾이지 않겠다는 힘이 전해졌기 때문이야.

실제로 이중섭은 우리나라 사람 특유의 강인한 혼을 소 그림을 통해 나타내려 했던 것 같아. 한번은 이런 일도 있었어. 당시 한국에서 미국 공무원으로 일하던 아서 맥타가트 박사가 1955년에 열린 '이중섭 개인전'을 관람하러 갔어. 거기에서 그림을 보던 맥타가트 박사는 별생각 없이 "이 소 그림은 스페인의 투우만큼이나 힘이 넘치는군." 하고 중얼거렸대. 그러자 이중섭이 이 말을 듣고 "이건 그런 싸우는 소가 아니고, 착하고 일 잘하는 한국의 황소란 말이오!" 라고 소리치고 전시장을 휙 나가 버렸다고 해. 그 정도로 한국 소에 대한 자부심이 넘쳤던 거지.

재미있는 건, 이런 이중섭의 진가를 맥타가트 박사가 눈여겨보았다는 사실이야. 맥타가트 박사는 이중섭의 팬이 되어서 은지화 그림 세 점을 샀대. 그리고 뉴욕현대미술관에 기증했지. 그래서 뉴욕현대미술관에도 이중섭의 작품이 소장되어 있단다. 뉴욕현대미술관이 처음으로 소장한 한국 작가의 작품이야.

이중섭이 사망하기 2년 전인 1954년, 그는 새해를 맞아 아내 이남덕에게 이런 편지를 썼대. "우리들의 새로운 생활을 위해서 들소

함께 전진, 또 전진!

처럼 억세게 전진, 전진, 또 전진합시다."

이중섭은 자신의 그림을 통해서 사람들이 들소처럼 앞으로 나아가는 힘을 얻길 바랐을 것 같아. 실제로 우리는 거침없이 돌진하는 〈소〉 그림을 보며 에너지를 받고 있지! 그게 바로 이중섭의 〈소〉가 지금까지 사람들에게 깊은 울림을 주는 이유일 거야.

이중섭의 또 다른 작품들이 보고 싶니? 그러면 이중섭미술관에 놀러 가 보는 건 어때? 직접 가기 힘들다면 웹사이트에서 작품들을 감상할 수 있어.

* 제주 서귀포시 이중섭로 27-3 * 매주 월요일 휴관

안견, 〈몽유도원도〉

1447년, 비단에 담채,
일본 덴리 대학 중앙도서관

2

꿈과 환상의 나라에 온 걸 환영해
안견 〈몽유도원도〉

안견이 그린 〈몽유도원도〉는 천국의 모습을 그린
작품이야. 지유는 천국을 상상해 본 적 있니?
어떤 모습일 것 같아?

천국이라… 음…. 맑고 파란 하늘에 흰 구름이 몽글몽글
떠 있고, 땅에는 꽃밭이 끝없이 펼쳐져 있을 것 같아요.
꽃향기 맡으면서 달리기하면 재밌을 것 같은데요!

지유가 상상하는 천국도 정말 멋지겠는걸!
우리 조상들은 천국에 복숭아꽃이 펴 있을 거라고
상상했대. 그림 오른쪽에 붉은색 꽃나무들이 보이지?
그게 복숭아꽃이야.

어? 그런데 왜 하필 복숭아꽃이에요?
천국 사람들이 복숭아를 좋아해요?

안견, <몽유도원도>, 1447년, 비단에 담채, 일본 덴리 대학 중앙도서관

천국이
여기 있구나!

어서 와, 복숭아 천국은 처음이지?

몽유도원도(夢遊桃源圖)는 '꿈속에서 노닐었던 복숭아밭을 그린 그림'이라는 뜻이야. 갑자기 웬 꿈인가 싶지? 사실 이 작품은 조선 시대 화가 안견(?~?)이 왕자님의 꿈 얘기를 듣고 그린 그림이야. 꿈 얘기를 듣고 사흘 만에 이 그림을 완성했대. 얼마나 인상적이었으면 그렇게 단숨에 그렸을까! 우리 같이 그림을 감상해 보자.

왼쪽에는 야트막한 산과 나무들이 보여. 이곳은 현실 세계인 것 같아. 그런데 중간부터 바위산 모양이 마치 순록의 뿔처럼 변해. 정말 희한하지? 갑자기 별세계에 들어간 듯한 느낌을 주지 않니? 기묘하게 생긴 산 사이에 있는 험난한 길을 꼬불꼬불 따라가면 절벽과 폭포가 나와. 잠시 폭포 옆에서 쉬었다가 다시 오른쪽으로 길을 걸으면, 드디어 자욱한 안개에 가려진 복숭아꽃이 만발한 동산이 모습을 드러내. 그러니까 이 그림대로면 왕자님은 낙원으로 가는 꿈을 꾼 셈이야. 갑자기 웬 낙원이냐고? 혹시 무릉도원(武陵桃源)이라는 말 들어 봤니? 이 상향을 뜻하는 말인데, 요즘 식으로 말하자면 파라다이스, 천국쯤 되겠지? 이 무릉도원의 '도(桃)'자가 바로 복숭아를 뜻해. 옛날 사람들은 복숭아꽃이 피어 있는 동산을 천국으로 생각했던 셈이지.

우아, 여기가 복숭아 천국이군요!

왕자님의 최애, 안견

이 복숭아꽃 꿈을 꾼 사람은 세종대왕의 셋째 아들인 안평대군이야. 안평대군은 예술을 정말 좋아했던 왕자였어. 서예를 잘해서 당시 글씨 잘 쓰는 사람으로 이름을 날리기도 했고, 그림도 좋아해서 열일곱 살 때부터 누가 좋은 작품을 가지고 있다는 말만 들으면 엄청난 값을 치르고 사들였대. 수집품이 무려 222점이었다고 하니 놀랍지? 그런데 그중 서른여섯 점이 안견의 작품이었어. 안평대군은 안견의 엄청난 팬, 요즘 말로 안견 덕후였던 거지! 안견은 안평대군이 모은 수집품을 보며 예술적인 자극도 얻고, 안평대군의 조언을 들으며 자신의 작품들을 완성할 수 있었어. 두 사람은 그렇게 친밀한 관계였던 셈이지.

안견이 얼마나 대단한 사람이었기에 무려 왕자님이 그의 팬이었던 걸까? 안견은 사실 신분이 낮은 사람이었어. 조선 시대 때 화가들은 대개 그랬지. 그래서 안견이 언제 태어나고 죽었는지 기록도 없어. 하지만 실력이 워낙 뛰어나서 이름을 크게 떨쳤대. 세종 대왕이 훈민정음을 창제할 때 도움을 준 신숙주라는 학자가 있었는데, 신숙주가 안견에 대해 이렇게까지 얘기했다고 해.

"안견은 옛 그림을 많이 보아 그 깨달음을 모두 자신의 것으로 삼고, 여러 대가의 좋은 점을 모아 자신의 그림 속에서 알맞게 조절했다. 그와 비슷한 실력을 지닌 사람을 얻기 어렵다."

안평대군도 안견의 뛰어난 재능을 한눈에 알아본 사람이었어. 안평대군이 스물아홉 살이었던 1447년 음력 4월 20일 밤에 무릉도원 꿈을 꾼 후, 다른 누구도 아닌 안견에게 연락했던 것은 당연한 일이었지. 꿈이 너무나 황홀해서 그림으로 꼭 남기고 싶은데, 이 꿈을 마치 손에 잡힐 듯 생생하게 그릴 수 있는 사람은 안견밖에 없을 거라 확신했었겠지.

절경이고요, 무릉도원이네요

그런데 안평대군은 왜 난데없이 무릉도원 꿈을 꾼 걸까? 안평대군은 아주 먼 옛날 중국 동진 시대의 시인인 도연명(365~427)이 지은 「도화원기(桃花源記)」라는 책을 정말 아꼈어. 늘 옆에 두고 읽을 정도로 좋아했던 책인데, 이 「도화원기」 내용이 안평대군의 꿈이랑 엄청 비슷해! 줄거리를 한번 볼까?

안견의 <몽유도원도> 중 복숭아 꽃나무가 피어 있는 풍경

　옛날 중국 무릉이라는 곳에 한 어부가 살았는데, 어느 날 강
에서 복숭아꽃이 떠내려오는 것을 보고 강을 거슬러 올라가던
중 길을 잃었다. 그러다 큰 동굴이 보여서 들어가 보니 동굴 너머
에 복숭아꽃이 가득 핀 평화로운 마을이 있었다. 어부는 친절한
마을 사람들과 행복한 날을 보내다가 어느 날 문득 고향 생각이
나서 돌아가겠다고 했다. 이에 마을 사람들이 '세상 사람들에게
이곳 이야기는 절대 하지 말아달라'고 부탁했고 어부는 이를 약
속했지만, 몰래 마을로 돌아가는 길을 표시해 두었다. 나중에 어

부는 친구들을 데리고 복숭아 마을을 다시 찾아가려 했는데 표시한 것이 사라져서 다시는 그곳을 찾을 수 없었다.

왜 '무릉도원'이라는 말이 천국을 뜻하게 됐는지 이제 알겠지? 도연명이 「도화원기」를 쓴 이후, '복숭아꽃이 핀 곳'이라는 뜻의 도원은 걱정 하나 없이 행복만이 있는 곳, 신선들이 사는 땅으로 알려졌어. 그렇다면 당연히 중국이나 우리나라나 할 것 없이 오랜 옛날부터 이 무릉도원을 주제로 한 그림이 많이 그려졌겠지? 화가라면 누구나 천국을 직접 내 손으로 그려 보고 싶다는 마음을 갖고 있었을 테니까. 그런데 놀라운 사실! 그렇게 많이 그려졌던 무릉도원 그림들이 지금은 싹 다 사라졌어. 현재 남아 있는 작품 중에 1600년대 이전 작품은 이 작품 말고 하나도 없대. 심지어 중국에도 말이야! 따라서 안견의 〈몽유도원도〉가 중국과 한국을 통틀어 가장 오래된 무릉도원 그림이래. 〈몽유도원도〉가 유명해질 만하지?

내 최애 그림에 '좋아요' 눌러 줘!

〈몽유도원도〉가 유명한 이유가 또 있어. 안평대군은 이 그림이 어찌나 마음에 들었던지 신숙주, 성삼문, 김종서, 정인지, 박팽년, 서거정 등 당대를 대표하는 학자와 예술가에게 〈몽유도원도〉를 직접 보여 주고, 시를 짓게 했어.

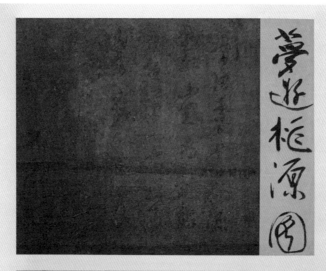

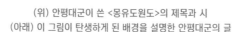
(위) 안평대군이 쓴 <몽유도원도>의 제목과 시
(아래) 이 그림이 탄생하게 된 배경을 설명한 안평대군의 글

안평대군이
몽유도원도를 사랑하는
마음이 가득 느껴져요.

우아,
그림 하나에 이렇게
많은 글이 나오다니!

신숙주 등 세종 시대를 대표하는 인물들이 쓴 시문들. <몽유도원도>를 기리는 내용이다.

안평대군은 정말 '인싸'였나 봐. 무려 스물한 명에게 이 그림을 기리는 글을 받았다고 하니까. 지금 식으로 얘기하면 SNS에 그림을 올린 후, 친구들에게 댓글로 감상평을 달아 달라고 한 셈이지. 안평대군도 그림 옆에 스스로 '몽유도원도'라는 제목을 지어 써 붙이고 우아한 필치로 이 그림이 탄생하게 된 배경을 기록했어. 그리고 "그림으로 그려 놓고 보니 참으로 좋구나. 천년을 이대로 전하여 봐도 좋지 않을까."라고 노래하는 시도 직접 지었어. 그 뒤 안평대군은 문인 스물한 명을 모아 자신의 글 두 편을 포함해 글 스물세 편을 그림 옆에 붙였어. 실제 그림의 가로 길이는 1미터 남짓하지만, 글을 이어 붙이니 무려 20미터가 넘는 대작이 되었지. 〈몽유도원도〉는 안견의 뛰어난 그림과 문학 작품이 함께 담긴 훌륭한 예술 작품으로 거듭났어. 그래서 현재 〈몽유도원도〉는 그림으로서뿐 아니라 서예 작품으로도 가치를 인정받고 있단다.

그림이 일본에 있다고?

그런데 안타까운 사실이 있어. 예술적 성취는 물론 문학적으로나 서예사적으로도 큰 가치를 지닌 〈몽유도원도〉가 지금 우리나라에 없다는 거야. 우리 조상들이 만든 작품인데, 어처구니없게도 현재 일본에 있단다. 〈몽유도원도〉는 안평대군이 사망하고 난 뒤 사라졌

어. 곳곳을 뒤져도 사라진 〈몽유도
원도〉를 찾을 수 없었지. 〈몽유도
원도〉를 찾아 헤매던 학자들은
무려 400년 동안 이 작품
이 어디에 있는지 몰랐
다가 1893년에야 일본
에 있다는 사실을 확인했

맙소사.
그림이
여기 없다고?

벌떡

다고 해. 〈몽유도원도〉가 정확
히 언제, 어떤 경로로 일본에 흘러갔는지에 대한 명확한 기록은 남
아 있지 않아.   다만 시마즈 히사시루시라는 사람이 〈몽유도원도〉
를 가지고 있었다는 기록으로 보아,   임진왜란 때 일본으로 갔을 것

엄마, 우리 문화재인데
우리나라에 없다고요?
직접 보고 싶은데.

앞으로 그런 날이
곧 오기를
바라 보자.

으로 조심스레 짐작하고 있어. 시마즈 히사시루시의 조상이 임진왜란 당시 장군이었다고 하거든. 〈몽유도원도〉는 1953년에 일본의 덴리 대학이 소장하게 되었어. 현재 일본 중요문화재 회화 제1152호로 지정된 상태래. 일본의 국보가 된 셈이지.

언젠가 우리나라가 〈몽유도원도〉를 돌려받을 수 있을까? 앞에 얘기했듯이, 사실 어떻게 일본으로 건너가게 되었는지 확실하게 알 수 없어서 일본에 반환하라고 요구하는 것도 애매하다고 해. '천년 후에도 이 그림이 전해지기를 바란다'고 시를 지은 안평대군이 이 사실을 안다면 엄청 황당해할 것 같아. 언제쯤 우리의 보물을 우리 손으로 오랫동안 보존할 수 있는 날이 올까?

안견의 또 다른 작품들이 보고 싶니? 그러면 안견기념관에 놀러 가 보는 건 어때? 안견기념관에는 몽유도원도의 복제품(영인본), 그리고 안견의 다른 작품들이 전시되어 있어.

* 충청남도 서산시 지곡면 안견관길 15-17 * 매주 월요일, 공휴일 휴관

정선, 〈금강전도〉

1734년, 종이에 수묵담채,
리움 미술관

3

입이 떡 벌어지는 장관
정선〈금강전도〉

"금강산 찾아가자, 일만이천 봉. 볼수록 아름답고
신기하구나~"라고 시작되는 노래가 있잖아요.
이 그림도 봉우리가 엄청 많아요. 그리고 진짜 웅장해요!

그렇지? 정선은 금강산을 그리기 위해, 남들은 평생 한 번도
가기 어려운 금강산 여행을 세 번이나 다녀왔대.
금강산의 풍경을 실제로 보고 느낀 대로 그리기 위해서였지.

아니, 그러면 진짜 경치를 보지 않고 그린 그림도
있다는 거네요? 조선 시대에는 카메라가 없어서
사진을 보고 그릴 수도 없었을 거 아니에요.

맞아. 다른 화가들은 대부분 실제 경치를
보고 그림을 그리지 않았단다.

볼수록 아름다운 〈금강전도〉

〈금강전도〉는 조선 시대 화가인 정선(1676~1759)이 그린 우리나라 국보야. 지금은 북한에 있는 금강산의 모습 전체를 담은 그림이지. 역시나 국보답게 금강산의 모습이 정말 멋지게 그려져 있지? 마치 비행기를 타고 하늘 위에서 한눈에 내려다보듯 뾰족한 봉우리로 이뤄진 바위산과 나무가 많은 흙산을 동그랗게 모아 그렸어. 그런데 재밌는 사실이 있어. 가장 꼭대기에 있는 산과 맨 아래에 있는 휘어진 산을 꼭짓점으로, 바위산과 흙산의 경계를 따라 선을 그어서 이어 보면 S자 모양이 돼. 태극기 중간에 있는 태극 문양 알지? 금강산

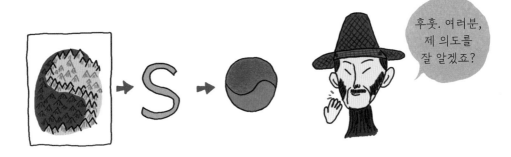

후훗. 여러분, 제 의도를 잘 알겠죠?

전체가 하나의 거대한 태극 문양이 되는 거지. 금강산은 우리나라 대표 산이라는 느낌이 팍팍 오지? 정선은 세 번이나 다녀온 아름다운 금강산의 풍경을 종이에 담으면서 엄청 신이 나지 않았을까?

〈금강전도〉는 산수화야. 한자로 풀어 보자면 산 산(山), 물 수(水), 말 그대로 산과 물을 그린 그림이라는 뜻이지. 자연과 그 속에 있는 사람들을 그린 그림이라는 건데, 서양의 풍경화와 비슷하다고 생각하면 돼. 그런데 풍경화와 다른 점이 있어. 풍경화는 화가들이 실제 경치를 보고 그린 작품이잖아? 그런데 우리나라 화가들이 그린 산수화는 대부분 상상해서 그려 낸 풍경이었어. 왜냐고? 산수화는 중국에서 시작되어 우리나라로 전해진 그림 형식이야. 중국에서 온 산수화가 우리나라에 많이 퍼지다 보니, 사람들은 당연히 중국의 자연과 중국 사람을 담은 그림을 산수화라고 생각했지. 그런데 산수화를 그릴 때마다 우리나라 사람들이 직접 중국에 가지는 못했을 것 아니야? 그렇기에 화가들은 자연스레 머릿속 상상의 풍경을 그리게 되었어.

김명국, <산수화>, 모시에 엷은 색, 17세기 중반, 국립중앙박물관

산이 있었는데요, 없었습니다

정선보다 조금 앞 시대에 살았던 화가 김명국(1600~?)의 산수화를 한번 볼까? 깎아 지른 산 아래, 선비가 나귀를 타고 하인과 함께 길을 나서고 있어. 그림 오른쪽을 보면 초가집 사립문 앞에 아이를 안고 서 있는 여성이 보여. 먼 길 떠나는 선비를 배웅해 주는 것이겠지. 그런데 그림 전체를 보면, 사람이 아니라 자연이 이 그림의 주인공인 것 같아. 인물들은 조그맣게 표현된 반면 깎아지른 듯 험준하고 하얀 눈이 덮인 산, 앙상하게 야윈 나무, 금방이라도 다시 눈을 쏟아낼 것 같은 어둑어둑한 하늘, 아래쪽에 얼어붙은 연못이 더 눈에 들어오니까. 김명국은 영락없는 겨울 산수화를 그린 거지.

그런데 김명국은 이 겨울 풍경을 실제로 보고 그리지 않았어. 이런 산동네는 중국에도, 우리나라에도 실제로 존재하지 않아. 김명국이 머릿속에서 창조한 풍경

이지. 게다가 인물들이 입은 옷을 보면 한복도 아니야. 중국 옷을 입고 있어. 그래서 이 그림은 중국 당나라 시인인 맹호연이 매화를 찾아 눈 덮인 산으로 떠난 이야기를 그린 것이라는 해석도 있단다. 이처럼 우리나라 산수화는 중국 그림책에나 나올 법한 그림들이 대부분이었어.

난 진짜를 그릴 거야

그런데 정선의 산수화는 달랐어. 상상 속의 자연이 아닌 실제 우리나라에 있는 금강산의 경치를 보고 그렸으니 말이야. 그래서 정선의 그림을 '진경산수화'라고 해. 진경산수화는 '진짜 경치를 그린 산수화'라는 뜻이야. 중국풍의 산수화를 과감히 버리고 우리 눈에 보이는, 우리 산천의 멋과 아름다움을 처음으로 그리기 시작한 거지. 바로 이것이 정선의 그림이 유명해진 이유야. 정선의 그림은 그가 살았던 당시에도 엄청난 인기를 끌었다고 해. 정선이 세상을 떠난 50~60년 뒤에도 양반집마다 그의 그림이 걸려 있었다고 하니까. 그의 그림은 당시 한양(서울)의 좋은 집 한 채 값이었대. 정말 대단하지?

　정선은 어쩌다가 이런 새로운 시도를 하게 됐을까? 여기엔 역사적인 배경이 있어. 그때까지 조선은 중국 명나라를 믿고 따랐어. 명나라의 학문과 예술을 본받으려고 애썼지. 그런데 1644년 명나라가

만주족이 세운 청나라의 침입으로 멸망해 버린 거야. 이 소식을 들은 조선 사람들의 충격은 이만저만이 아니었어. 조선 사람들은 평소에 만주족을 야만적인 오랑캐라고 여겨서 무시했거든. 우리 선조들은 중국이 세계 문명의 중심이라고 생각했는데, 그 중국이 오랑캐에게 정복당한 거지. '만주족은 야만족'이라는 것은 당시 조선인들의 생각이었을 뿐, 실제로 그런 건 아니라는 사실 정도는 알지? 어

쨌든 조선인들은 망한 명나라 대신 조선이 동아시아에서 중국이 하던 역할을 대신한다고 생각하기 시작했어. 조선에 대한 자부심이 높아진 거지. 그런 분위기 속에서 정선이 우리 땅을 우리 방식대로 잘 표현한 그림을 그렸으니 얼마나 자랑스러웠겠니.

우리는 친구니까

정선이 당시에 유명해진 이유는 이뿐만이 아니었어. 친구를 아주 잘 사귀었거든. 정선의 절친한 벗 중에 이병연(1671~1751)이라는 시인이 있었어. 비록 이병연이 정선보다 다섯 살 많았지만 어릴 적부터 정선과 같은 동네에 살고 같은 선생님 밑에서 공부했던 터라, 나이를 초월한 우정을 다졌지. 이병연은 정선이 유명한 화가가 되도록 많은 도움을 줬어. 자신은 시를 짓고 정선에게 그 시에 어울리는 그림을 그려 달라 부탁해서 시와 그림이 어우러진 책도 만들었어. 이 과정에서 정선은 예술적 영감과 상상력이 엄청 늘었겠지? 그뿐 아니라 이병연은 자신이 참여하고 있는 모임에 정선을 초청해서, 그림 좋아하는 선비들에게 정선을 소개하고 정선의 그림을 사도록 주선하기도 했대. 이병연 자신도 정선의 그림을 많이 사기도 했고. 정선의 그림이 많은 고객을 확보하며 최고의 인기를 구가한 것은 정선의 능력도 있었지만, 이처럼 이병연의 후원과 도움 덕택이 컸어.

정선, <인왕제색도>, 1751년, 종이에 수묵, 국립중앙박물관

또 다른 국보인 정선의 <인왕제색도>도 이병연과의 우정으로 탄생한 그림이야. <인왕제색도>란 '비가 그친 후 인왕산 모습을 그린 그림'이라는 뜻이야. 비 온 뒤 안개가 피어오르는 인왕산의 실제 모습을 사실적으로 그린 걸작이지. 이병연과 정선 두 사람 모두 인왕산 근처에 살았으니, 자주 보던 풍경이었을 거야. 평소 인왕산에는 폭포가 없는데 그림의 왼쪽, 오른쪽을 살펴보면 산에서 쏟아지는

물줄기가 보여. 이것은 조금 전까지 비가 아주 많이 왔다는 증거야. 정선은 붓에 먹을 듬뿍 묻힌 후 여러 번 덧칠해, 빗물을 잔뜩 머금은 화강암 산을 묵직하고 우아하게 표현했어. 그 바위산 아래로 나무에 가려 살짝 지붕만 드러난 집 보이지? 이병연의 집과 정선의 집이란다.

이 그림은 정선이 일흔여섯 살 때인 1751년 5월에 그렸어. 이때 여든한 살의 이병연은 병석에 누워 있었지. 정선은 비구름이 걷히듯 이병연이 병을 훌훌 털고 일어나기를 바라는 마음을 담아 이 그림을 그렸어. '비 온 뒤에 땅이 굳는다'는 속담처럼, 이병연이 병을 이기고 일어나 더 건강해지기를 기원했겠지. 하지만 안타깝게도 정선이 이 그림을 그린 지 나흘 만에 이병연은 세상을 떠나고 말아. 정선은 〈인왕제색도〉를 통해 60년 동안 변치 않은 우정을 나눠 준 이병연에 대한 감사와 작별 인사를 한 듯해. 〈인왕제색도〉가 유명하고 특히 아름다워 보이는 이유는 이처럼 감동적인 우정 이야기를 우리에게 전하기 때문이기도 한 것 같아. 우리도 친구들과 이런 우정을 가꿀 수 있으면 참 좋겠다, 그렇지?

 정선의 또 다른 작품들이 보고 싶니? 그러면 겸재정선미술관
에 놀러 가 보는 건 어때? 온라인 미술관도 있으니 웹사이트에
서도 작품을 감상해 봐!

* 서울시 강서구 양천로47길 36 * 매주 월요일 휴관

김홍도, 〈서당〉

조선 후기, 종이에 수묵과 옅은 채색,
국립중앙박물관

4

웃음과 슬픔, 한 페이지가 될 수 있게
김홍도 〈서당〉

앗, 김홍도의 〈서당〉이죠? 정말 자주 본
그림이에요. 서당은 동네 학교 같은 곳이었나 봐요?

맞아. 서당은 오늘날의 초등학교처럼
조선 시대 어린이들에게 기초적인 교육을 하던 곳이야.

저 아이는 숙제를 제대로 안 해 온 걸까요?
선생님께 꾸중 들었나 봐요! 울고 있네요.

서당에서는 선생님을 훈장님이라고 했어.
여하튼 훈장님 곁에 회초리가 보이는 걸 보니
매를 맞은 것 같기도 하네.

헉, 학생을 때렸다고요?

김홍도, 〈서당〉, 조선 후기, 종이에 수묵과
옅은 채색, 국립중앙박물관

으….
표정이 너무
실감 나.

출발, 동네 서당 여행

이 그림은 조선 시대 천재 화가 김홍도(1745~1806?)가 그린 〈서당〉
이야. 김홍도가 그 당시 사람들의 생활 모습을 담은 그림들을 모은
〈단원풍속도첩〉이라는 그림책이 있어. 그 책에 있는 그림 중에 하나
지. 〈단원풍속도첩〉은 현재 보물로 지정되어 있고, 국립중앙박물관
에 있어.

   그러면 이제 〈서당〉 속으로 들어가 보자. 훈장님을 중심으로 아이
들이 양쪽으로 앉아 있는데, 한 학생이 훈장님께 혼나고 있어. 훈장
님의 질문에 제대로 답하지 못했는지 아이는 손등으로 눈물을 훔치

며 울고 있어. 이 모습을 지켜보는 친구들의 모습을 살펴볼까? 일단 그림 오른쪽에 모여 앉은 친구들을 보면, 혼나는 아이가 한심하다는 듯 깔깔거리며 웃고 있어. 뒤통수만 보이는 친구는 비록 표정을 확인할 수는 없지만, 몸을 들썩이면서 웃고 있는 것 같아. 구불구불한 옷 주름이 보이지? 요즘 우리가 보는 만화 같은 표현이라 재밌어.

그런데 그림 왼쪽에 모여 있는 친구들은 조금 달라. 왠지 혼나는 아이를 도와주려는 것처럼 보이지 않니? 책장을 넘겨 가며, 혼나는 아이의 앞쪽에 책을 슬그머니 들이밀고 있잖아? 한 친구는 아예 손으로 입을 살짝 가린 채 답을 말해 주는 것 같아.

숙제가 힘든 건 다 똑같구나!

이번에는 네덜란드의 화가 얀 스테인(Jan Steen, 1626~1679)이 그린 〈마을 학교〉라는 그림을 보자. 어느 시대나 어느 나라나 교실 풍경만큼은 거의 비슷한 것 같아서 신기해. 네덜란드의 작은 마을 학교에서도 〈서당〉 속 모습처럼 한 아이가 선생님께 혼나고 있지. 발밑에 뒹굴고 있는 종이를 보면, 마치 낙서처럼 엉망진창으로 해 온 숙제가 보여. 이 그림에서도 혼나고 있는 아이를 지켜보는 친구들 모습이 그려져 있는데 정말 김홍도 그림 속 친구들처럼 각양각색이야.

얀 스테인, <마을 학교>, 1665년경, 캔버스에 유채, 아일랜드 국립미술관

껄껄거리며 웃는 친구도 있고, 곧 자기 차례가 올까 봐 책에서 초조하게 눈을 못 떼는 친구도 있어. 뒤쪽 친구는 마지막까지 열심히 숙제를 고치고 있네. 선생님 옆에서 울고 있는 아이처럼 손바닥을 맞지 않으려고 말이야.

엄마!
보기만 해도 무서워요.
매를 맞다니….

그런데 좀 놀랐지? 김홍도의 <서당> 속 훈장님과 얀 스테인의 <마을 학교> 선생님이 학생들을 때렸다고 하니 말이야. 옛날에는 말을 잘 듣고 잘못을

프랑스 샤르트르 대성당 서쪽 출입구 장식

반성하라는 의미로 학생들을 때리면서 벌을 주었어. 무려 12세기에 지어진 프랑스 샤르트르 대성당에도 체벌받는 학생들의 모습이 조각돼 있어. 학생들을 감독하는 선생님의 손에 들린 몽둥이가 보이니? 너무 무섭다, 그렇지? 요즘에는 이런 체벌이 금지되어서 다행이야.

다시 김홍도의 그림으로 돌아가 보자. 울고 있는 아이와 안타까워하는 훈장님, 그리고 그 모든 걸 지켜보고 있는 친구들. 표정도 생생하고 서당의 분위기가 눈앞에 보이듯이 실감 나게 그려졌어. 그래서 김홍도는 조선의 대표적인 풍속 화가로 유명하지. 그런데 김홍도는 왜 흔하디흔한 일상의 모습을 이렇게나 많이 그렸던 걸까?

엄마도 조금 무서운걸?

일등 화가 김홍도

김홍도는 서민들이 사는 평범한 모습을 담은 '풍속화'만 그린 사람은 아니야. 김홍도는 나라에서 중요한 행사를 치를 때 '기록화'를 그리던 관청인 도화서에 소속된 화가였어. 한마디로 나라에서 인정한 화가였지. 김홍도는 산과 물, 신선과 부처, 꽃과 과일, 새와 곤충, 물고기와 게에 이르기까지 모든 종류의 그림에 뛰어났어. 워낙 일찍부터 실력을 인정받아서 이미 스물한 살 때, 영조 임금이 왕이 된 지 40년을 기념하는 그림과, 나이 70세를 기념하는 잔치(고희)를 기록하는 그림을 그렸어. 심지어 임금님과 왕세손(임금의 손자)의 초상화까지 그렸는걸! 그 당시 최고의 화가가 아니라면 이런 그림을 그릴 수가 없었지. 그러니까 김홍도는 특급 화가였던 거야. 얼마나 유명했는지 조선의 서화가인 강세황이 김홍도의 인기에 대해 이런 기록까지 남겼어. "그림을 구하는 자가 날마다 무리를 지으니 비단이 산더미를 이루고, 찾아오는 사람이 문을 가득 메워 잠자고 먹을 시간도 없을 지경이다."

김홍도의 그림은 임금님의 사랑도 많이 받았어. 특히 정조는 풍속화를 워낙 좋아했는데, 나라에서 화가를 뽑을 때 "그림을 보는 순간 내가 껄껄 웃을 수 있는 그림을 그려라."라는 엉뚱한 문제를 내기도 했대. 그랬으니 정조가 김홍도의 그림을 얼마나 좋아했을지 딱 감이 오지? 사실 김홍도가 〈서당〉 같은 풍속화를 많이 그리게 된

게 정조 덕분이라는 연구도 있어. 백성들의 생활이 많이 궁금했던 정조는 자유로이 궁궐 밖을 출입할 수 없는 자기 대신 김홍도에게 서민들의 삶을 그려 오라고 했을 것이라는 이야기지.

김홍도는 〈서당〉 외에도 백성들의 소소한 일상을 많이 그렸어. 먼저 지금의 가수나 배우 같은 일을 했던 광대들을 그린 〈춤추는 아이〉를 볼까? 음악에 맞춰서 덩실덩실 춤을 추는 아이의 몸짓이 정말 흥겹지? 조선 시대 양반들은 이들을 천민이라고 무시했는데, 김홍도의 그림에서는 당당히 주인공으로 등장하고 있어. 그러면 양반들은 김홍도의 풍속화에서 어떤 모습으로 등장할까? 〈벼 타작〉을 보면 한가롭게 담배나 피우면서 누워 있는 사람이 있어. 그 사람이 양반이

김홍도의 <춤추는 아이>와 <벼 타작>, 조선 후기, 종이에 수묵과 옅은 채색, 국립중앙박물관

야. 반면에 농민들은 열심히 곡식의 이삭을 떨어내며 알곡을 거두고 있어. 이처럼 김홍도는 보통 사람들이 살면서 느끼는 기쁨과 슬픔을 꼭꼭 잘 눌러서, '진짜 조선'의 모습을 현실감 있게 그려 냈지.

잠깐, 그러고 보니 익숙한 것 같은데. 프랑스의 대표적인 화가 중 한 명인 장 프랑수아 밀레(Jean François Millet, 1814~1875)의 〈이삭줍기〉와 비슷하지 않아? 밀레의 〈이삭줍기〉도 이삭을 줍는 농민들과

장 프랑수아 밀레, <이삭줍기>, 1857년, 캔버스에 유채, 프랑스 파리 오르세미술관

멀리서 농민들을 감시하는 감독관을 그리고 있는 작품이야. 아주 멀리 떨어진 두 나라에서 비슷한 모습을 담은 작품이 나왔다니 놀랍지 않니? 밀레처럼 김홍도도 평범한 일상을 살아가는 서민들의 모습과 감정을 누구보다 진실성 있게 표현했고, 지금까지 우리들에게 감명을 주고 있어. 어때, 김홍도의 그림이 조금은 다르게 보이지?

풍속화를 그린 또 다른 대가

'풍속화의 대가'라고 하면, 김홍도 말고도 화가 신윤복이 생각나지 않니? 맞아. 김홍도와 비슷한 시기에 활동한 신윤복도 풍속화를 많이 그린 화가인데, 김홍도의 그림과 비교해 보면 참 흥미로워. 비교

하기 쉽게, 우리나라 명절 중 하나인 단오 풍경을 두 사람이 어떻게 묘사했는지 같이 보자.

신윤복, <단오풍정>, 종이에 수묵과 옅은 채색, 조선 후기, 간송미술관

먼저 국보인 신윤복의 〈단오풍정〉부터 살펴보자. 음력 5월 5일 단옷날 바깥 놀이를 나온 여성들을 묘사한 그림이야. 깊은 산골이다 보니 사람들이 많이 없었겠지? 그래서 여성들은 마음 놓고 그네도 타고 냇물에 몸을 씻고 머리 손질도 하고 자유롭게 시간을 보내고 있어. 이처럼 신윤복은 남성 중심으로 돌아가던 조선 사회에서 소외

나도 그네 타기 좋아하는데!

되었던 여성들의 일상 모습을 즐겨 다뤘어. 빨강이나, 파랑, 노랑 등 원색을 과감하게 사용해서 화려하고 세련된 분위기도 나지. 그뿐 아니라 신윤복은 김홍도와는 다르게 인물을 둘러싼 배경도 섬세하게 그려 냈어. 그래서 신윤복의 그림은 당시 생활상을 자세히 알 수 있는 귀중한 자료이기도 하단다. 자연이 배경이 되는 〈단오풍정〉에서는 잘 알아차리기 어렵겠지만, 신윤복이 그린 다른 그림에서는 집 안 살림살이, 마당, 골목길 같은 것들이 엄청 세밀하게 묘사되어 있거든.

김홍도, <씨름>, 조선 후기, 종이에 수묵과 옅은 채색, 국립중앙박물관

창의력 대강 김홍도

반면 김홍도의 그림은 어떨까. 단옷날 대표 풍속인 씨름 장면을 그린 김홍도의 〈씨름〉을 보자. 그림 한가운데에는 힘을 쓰는 두 명의 씨름꾼이 있고, 주변으로 구경꾼들이 앉아 있어. 그런데 등장인물의 표정이 다 너무 재밌어. 입을 앙다물고 힘을 쓰는 장사와 미간을 찌푸리며 버티는 다른 장사의 표정도 생동감이 넘치지만, 관중의 모습도 제각각 익살스럽고 활기차 보여. 부채로 얼굴을 가리고 마음 졸이며 구경하는 사람, 느긋하게 구경하는 사람, 장수의 힘에 놀라는 사람까지!

앞서 얘기했다시피 김홍도는 배경을 생략하고 오직 인물에 집중해 그렸어. 그런데 인물을 그리는 스타일도 신윤복과는 좀 달라. 신윤복은 인물을 자세하고 섬세하게 그리는데, 김홍도는 특징과 윤곽만을 빠른 붓놀림으로 잡아내는 방식으로 그렸지. 그래서 자칫하면 그림이 심심해 보이기 쉬운데, 대신 김홍도는 구도를 창의적으로 잡았어. 일부러 마름모꼴로 그림 구도를 잡고, 사람도 위쪽에 더 많이 그려 아슬아슬한 효과를 냈지. 그래서 씨름판 특유의 흥분과 긴장감을 더욱 잘 느낄 수 있는 거야!

그리고 〈씨름〉 속에는 눈에 띄는 한 인물이 있어. 씨름판이 어떻게 돌아가든 아랑곳하지 않고 태연하게 엿을 팔고 있는 엿장수가 그 주인공이야. 마치 "엿 사세요!" 하는 소리가 생생하게 들리는 것만 같지? 그는 나머지 사람과는 달리 엿판을 든 채 왼쪽을 바라보고 있어서, 그림 분위기에 상쾌한 변화를 주고 있어. 그래서 신윤복의 〈단오풍정〉처럼 화려한 색깔도 없고, 배경도 밋밋하지만 그림이 별로 단조롭다는 생각이 들지 않아. 볼수록 김홍도의 솜씨에 감탄하게 되지 않니?

이처럼 김홍도와 신윤복의 풍속화는 다른 점이 많긴 하지만, 신분제도에 갇혀 있던 백성들의 삶을 그림 속으로 불러들였다는 큰 공통점이 있어. 세상엔 양반의 삶만 있는 게 아니라 평범한 백성들의 삶도 있다는 것, 시시콜콜해 보여도 보통 사람들의 사소한 일상이 조선 사회를 이끄는 힘이라는 것을 보여 주고 있지. 양반 아래에서 숨도 못 쉬고 살던 백성들은 김홍도와 신윤복의 풍속화를 보며 위로받지 않았을까 싶어.

엿 사세요!

김홍도의 또 다른 작품들이 보고 싶니? 그러면 단원 김홍도 미술관에 놀러 가 보는 건 어때? 안산에서는 매년 단원미술제도 열린단다!

* 경기도 안산시 상록구 충장로 422 * 매주 월요일, 1월 1일, 설날/추석 당일 휴관

박수근, 〈빨래터〉

1950년대, 캔버스에 유채,
리움 미술관

∽ 5 ∽
가장 사소한 것들을 위해
박수근 〈빨래터〉

옛날엔 세탁기가 없었으니까 이렇게 냇가에 모여서
같이 손빨래를 했나 봐요. 으으, 손 엄청 시려웠겠다!

맞아. 한국 전쟁이 막 끝났을 때인 1954년에 그려진
그림이니까. 이때 한국에는 세탁기가 없었거든.
그림을 보면 전쟁으로 얼룩진 마음의 때도
함께 씻겨 내려갈 것만 같지 않니?

그런데 어떻게 돌 위에 이런 그림을 그렸을까요?

돌 위에 그린 그림 같지? 그런데 사실 이 그림은
캔버스라는 천 위에다가 유화물감으로 그린 거란다!

네? 돌이 아니라고요?!

박수근, <빨래터>, 1950년대, 캔버스에 유채, 리움 미술관

우리
할머니 모습
같아요.

우리 가족이 그림 속에 있네!

등을 보인 채 줄줄이 앉아서 빨래하는 우리 이웃들을 묘사한 그림
<빨래터>를 그린 사람은 바로 박수근(1914~1965)이야. <빨래터>에서
확인할 수 있다시피 박수근은 주위에서 흔히 볼 수 있는 평범한 사
람들의 일상을 그렸어. 그래서일까? 그림에 등장하는 사람들의 얼
굴은 개성이 뚜렷하지 않아. 대부분 비슷하게 생겼지. 아마도 박수
근은 사람들이 그림을 보며 '이건 내 모습, 우리 가족을 그린 거잖
아?'라고 생각해 주길 바란 것 같아. 이렇게 이야기한 적도 있어.

나는 인간의 선함과 진실함을 그려야 한다는, 예술에 대한 대단히 평범한 생각을 가지고 있습니다. 따라서 내가 그리는 인간상은 다채롭지 않습니다. 나는 그들 가정에 있는 평범한 할아버지와 할머니, 어린아이들의 이미지를 가장 즐겨 그립니다.

　　박수근의 말처럼, 그의 그림들은 한국 전쟁으로 폐허가 된 땅을 딛고 다시 일어서고자 노력했던 1950~60년대 우리나라 사람들의 모습을 그대로 담고 있어. 가난하고 평범한 서민들을 모델로 한 그림도 이렇게 아름다울 수 있다니! 감탄이 나올 정도야.
　　사실 박수근이 이렇게 평범한 이웃들의 모습을 그려야겠다고 마음먹은 건, 놀랍게도 열두 살 때부터였어. 어릴 적 박수근은 책에서

박수근 화가는
어릴 때부터
이런 멋진 생각을 했네요.

장 프랑수아 밀레, 〈만종〉, 1857~59년, 캔버스에 유채, 프랑스 오르세미술관

프랑스의 화가 장 프랑수아 밀레가 그린 그림 〈만종〉을 보았어. 〈만종〉은 밭에서 얻은 감자를 앞에 놓아두고 감사 기도를 올리는 평범한 농부와 아내를 묘사한 작품이야. 옛날 서양에서는 하루에 세 번 교회 종이 울릴 때마다 모두가 하던 일을 멈추고 감사의 기도를 올렸거든. 해 질 녘인 것을 보니 마지막 저녁종(만종)이 울린 것 같아. 온종일 고된 일을 하고서도 겸손하게 기도하는 부부의 모습에 감동한 박수근은 '나도 밀레 같은 화가가 되겠다'고 다짐했대. 그러고 보니 밀레와 박수근 그림 모두 특유의 소박하고 고요한 분위기가 많이 비슷해. 그렇지?

종이가 돌이 되는 마법

이처럼 박수근은 보통 사람들의 평범한 모습을 즐겨 그렸지만, 박수근의 그림은 한눈에 봐도 평범하기는커녕 엄청 독특해. 그림도 마치 돌 위에다 그린 것 같지 않아? 사실은 캔버스 천에 그렸는데 말이야. 박수근은 우둘투둘한 돌의 질감을 평평한 캔버스나 종이 위에 어떻게 표현할 수 있었을까?

그것은 박수근만의 개성적이고 독창적인 기법 덕분이었어. '어떻게 하면 돌과 같은 느낌을 표현할 수 있을까?' 고민하던 박수근은 어느 날 물감을 가로세로로 여러 겹 덧발라서 물감층을 아주 두껍게 쌓아 보았대. 그리고 그 위에 그림을 그렸지. 그 후에 또다시 물감을 두껍게 덧바르니, 짜잔! 돌처럼 거친 질감이 만들어진 거야! 마지막으로 회백색이나 암갈색 물감을 군데군데 살짝 칠해 주니까 진짜 판판한 돌처럼 보였대. 이런 방법으로 그림을 그린 건 박수근이 우리나라에서 처음이라지?

그렇다면 박수근은 왜 굳이 이렇게 시간도 많이 걸리고 복잡한 과정을 감수하면서까지 캔버스를 돌처럼 보이게 노력했던 걸까? 사실 박수근은 어릴 때부터 우리 조상들이 만든 불상이나 석탑 같은 돌조각에 반했대. 그래서 불상이 많은 경주에 자주 갔다고 해. 박수근은 자기 그림도 변하지 않는 바위처럼 오래오래 남기를 바라는 마음, 그 소망을 그림 속에 담고 싶어 하지 않았을까 싶어. 이뿐만이 아니야. 박수근은 힘든 상황 속에서도 꿋꿋하게 살아가는 사람들의 단단한 마음을 표현하길 원했어. 바위 같은 그림을 통해, 바위처럼 강인한 사람들의 내면을 묘사하고 싶었던 마음이었던 거지!

바위 같은 단단한 그림을 그릴 거야!

활기 넘치는 앙상한 나무라니!

〈나무와 두 여인〉처럼 박수근의 그림 속에 등장하는 나무들이 무성한 잎이나 열매 하나 없이 하나같이 벌거벗은 모습인 것도 같은 이유야. 사실, 전쟁으로 폐허가 된 세상을 묘사하기 위해서는, 이렇게 가지만 드러낸 나무를 그리는 게 더 맞긴 했겠지. 그런데 그림 속 헐벗은 나무들은 허약하게 보이지 않아. 땅 위에 굳건하게 버티고 서

박수근, <나무와 두 여인>, 1962년, 캔버스에 유채, 리움 미술관

서 하늘을 묵묵히 떠받치는 느낌이잖아. 나무들의 늠름한 모습과 우리 이웃들의 강인한 생명력이 많이 닮았다는 느낌 안 드니? 마치 가난한 사람들과 함께 암담했던 시절을 버티고 견딘 믿음직한 나무들이 계속 우리 곁을 지켜 주는 것만 같아.

그렇다면 박수근은 어떻게 이런 독특한 그림을 그릴 수 있었을까? 다른 것도 아닌 가난 때문이었어. 가난하면 그림을 마음껏 그리기도 힘들 텐데, 어떻게 가난이 독창적인 그림을 그릴 수 있게 된 이유가 될 수 있는지 의아하지? 사실 박수근의 집안 형편이 너무 좋지 않아서 박수근은 미술대학을 갈 수 없었어. 당시에 활동하던 화가들 대다수가 일본 유학을 다녀오면서 서양화풍을 익힌 것과 반대로, 박수근은 시골집에서 독학으로 그림을 그릴 수밖에 없었지. 선생님도, 선배도, 동료도 없이 공부하다 보니 박수근은 일본이나 서양의 그림들을 접할 기회가 거의 없었고, 그러다 보니 자신만의 감각 하나만 믿고 그림을 쭉 그렸어. 토속적이고 향토색 짙은 박수근만의 '한국적인 그림'이 탄생하는 데 오히려 가난이 일조한 셈이지. 사람의 인생이라는 게 참 알 수 없어. 그렇지?

하지만 아무리 독창적인 그림을 그리게 되었어도, 가난은 괴로운 것이긴 해. 전쟁 때문에 삶은 궁핍했고, 잠깐 주목을 받아도 생활고는 여전해서 그림 그릴 연필을 살 돈조차 부족했으니까 말이야. 박수근은 직접 나뭇가지를 잘라 태워 목탄을 만들어 썼고 어떤 땐 큰딸이 쓰던 몽당연필로 데생을 해야 했대.

박수근은 다섯 아이의 아버지이기도 했어. 가난하니 아이들에게 제대로 된 책도 사 주지 못했겠지? 한국 전쟁이 막 끝난 그 당시엔 동화책 자체가 귀해서 구하기도 어려웠어. 이런 상황이 미안해서였는지, 박수근은 아이들을 위한 그림책을 직접 만들기도 했대. 어릴 때 할머니와 어머니에게 들었던 옛날이야기, 선생님에게 들은 역사

(왼쪽) 박수근이 그린 '평강공주와 바보 온달' (오른쪽) '낙랑공주와 호동왕자'

이야기 중에서 몇 가지를 골라 그림을 그렸지. 〈평강공주와 바보 온달〉, 〈낙랑공주와 호동왕자〉 등의 그림책이 그렇게 탄생했어. 아이들은 아버지가 만든 책을 읽으며 정말 즐거웠을 것 같아. 박수근의 마음도 마치 부자가 된 듯 기쁘고 행복하지 않았을까? 세상을 다 가진 기분이었을 거야.

가난한 화가 중에서 가장 부자

박수근은 가난했지만 마음만큼은 부자였어. 소나기가 내리던 어느 날, 박수근의 아내가 비 맞을 남편이 걱정돼 우산을 가지고 버스정류장으로 갔는데 과일 파는 세 명의 아주머니 앞에 선 남편을 봤대. 그런데 박수근은 의아한 행동을 해. 한 아주머니에게 가서 "사과 세 알만 주세요." 하더니 옆에 있는 두 아주머니에게도 각각 사과를 세 알씩 산 거야. 나중에 아내가 "비 오는데 한곳에서 사지 그랬어요?"라고 묻자 박수근은 이렇게 답했다고 해. "한곳에서만 사면 다른 아주머니들이 섭섭해할 것 같아서요."

어쩌면 박수근 그림의 제일 중요한 재료는 돈이나 환경이 아니라 이런 따뜻한 마음씨였을 것 같아. 그런 선함과 상냥함으로 그림을 그렸

으니 사람들도 박수근의 작품들을 보며 감동하는 거겠지.

　박수근은 말년에 너무 가난해서 한쪽 눈이 실명되기도 했어. 눈앞이 회백색으로 흐려지는 백내장이라는 병에 걸렸는데, 수술비를 빨리 마련하지 못했거든. 제때 수술하지 못해서 결국 왼쪽 눈을 잃고 말았지. 화가에게 실명은 음악가가 귀를 다치는 것처럼 치명적이야. 그러나 베토벤이 청력을 상실하고도 계속 작곡을 했듯, 박수근도 한쪽 눈만으로 매일 그림을 그렸다고 해. 이렇게 마지막까지 희망을 놓지 않고 꿋꿋이 작품 활동을 했던 모습이 마치 자신이 그린 '바위 같은 그림'과 겹쳐 보이지 않니? 박수근의 그림 속 인물들은 어쩌면 박수근의 분신일지도 모르겠다는 생각이 들어. 그는 그렇게 자신의 모습을 계속 그려 왔던 것은 아니었을까?

박수근의 또 다른 작품들이 보고 싶니? 그러면 박수근미술관에 놀러 가 보는 건 어때? 박수근미술관 웹사이트에서 온라인 전시도 볼 수 있어.

• 강원도 양구군 양구읍 박수근로 265-15 • 매주 월요일, 1월 1일, 설날/추석 오전 휴관

백남준, 〈TV 부처〉

1974년, 부처상, 모니터, 카메라 설치,
네덜란드 암스테르담 스테델레이크미술관

6

이것도 예술이라고?
백남준 〈TV 부처〉

우아, TV를 보고 있는 부처님이라니. 이 조합이 너무
생뚱맞아요. 절에서 TV를 본 적이 한 번도 없거든요!

그래서 더 신선하지 않니?
이 작품이 발표됐을 때, 동양의 종교 문화와
서양 기술의 만남이라고 화제가 되기도 했어.

백남준이 정말 힘들었을 것 같아요.
이 작품을 만들기 위해 직접 불상도 다 조각하고,
모니터도 다 조립했다는 얘기잖아요.

아니야. 백남준의 작품이긴 하지만,
그냥 원래 있던 불상과 모니터를 갖다 놓은 것뿐이란다!

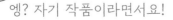

엥? 자기 작품이라면서요!

백남준, <TV 부처>, 1974년, 부처상, 모니터, 카메라 설치,
네덜란드 암스테르담 스테델레이크미술관

그림을 그리지 않았는데 화가라고?

빈센트 반 고흐 같은 화가들은 캔버스나 도화지에 그림을 그렸어.
로댕 같은 조각가들은 돌과 금속을 조각해 작품을 완성했지. 그런
데 백남준(1932~2006)은 그런 방식을 과감히 탈출했어. 그는 텔레비
전과 비디오 같은 전자기기를 통해 자신의 예술 세계를 펼친 비디오
아티스트야. 텔레비전과 모니터를 보면 마치 그림을 넣은 액자처럼
보이지 않니? 그러니까 텔레비전이 종이가 되는 셈이고, 비디오 영
상은 움직이는 그림인 셈이지. 그게 바로 '비디오 아트'라고 생각하
면 돼. 영상이 재생 중인 모니터를 여러 가지 방법으로 설치해 사람

들에게 감동을 주는 예술! 백남준은 이 '비디오 아트' 분야를 처음 개척한 주인공이야. 그는 비디오테이프(영상과 소리를 기록하는 기기)와 TV를 조작하고 전파를 조정해 작품을 뚝딱뚝딱 만들었어. 그렇게 TV도 예술로 탈바꿈할 수 있다는 것을 보여 주었지. 백남준은 현대 미술이 회화와 조각에 한정된 범위에서 벗어날 수 있도록, 예술의 표현 도구를 훨씬 더 확장한 공로가 있는 셈이야. 1960년대에 처음 으로 TV와 휴대용 비디오카메라가 개발되고 판매됐는데 이걸 가지 고 예술을 할 생각을 하다니, 시대의 흐름을 읽는 백남준의 감각과 아이디어가 정말 빛나는 것 같아.

비디오 아트가 먼데?

그럼 백남준의 비디오 아트 작품을 살펴볼까? 〈TV 정원〉을 보면 나무와 풀이 우거진 정원에 TV 모니터들이 꽃이 핀 것처럼 군데군데 놓여 있어. 딱딱한 기계인 TV를 자연 한가운데 놓으니 삭막함이 조금은 사라지는 느낌이지? 다른 작품 〈TV 물고기〉는 물고기가 헤엄치는 수족관 뒤에 여러 대의 TV를 나란히 놓은 작품이야. 모니터엔 춤을 추는 안무가의 모습, 바닷속을 헤엄치는 물고기, 하늘을 나는 비행기의 영상이 나오지. 수족관과 TV 화면이 겹쳐지면서 관객들은 안무가가 마치 물고기들과 함께 춤을 추고, 물고기가 하늘을 헤엄치고 비행기가 바닷속을 날아다니는 장면을 목격하는 듯한 환상을 느낄 수 있어. 국립현대미술관 과천관에 소장되어 있는

백남준, <TV 정원>, CRT TV 102대, 살아있는 식물, 앰프, 스피커, 1974년(2002년 재제작),
백남준아트센터

백남준, <TV 물고기>, 24대의 TV, 어항 24개, 살아있는 물고기, 3-채널 비디오, 컬러, 무성,
1975년(1997년 재제작), 백남준아트센터

백남준, <다다익선>, 1988년, 4채널 영상, 컬러, 사운드, 모니터 1,003대, 철 구조물, 국립현대미술관 과천관

〈다다익선〉도 백남준의 대표작이야. 무려 1,003대의 TV를 쌓아 올려 만든 거대한 탑 모양 비디오 아트지. 1,003대의 TV를 쓴 이유는 10월 3일 개천절을 의미하려 했기 때문이래. 백남준은 예술 활동을 위해 오랫동안 한국을 떠나 외국을 떠돌며 살았거든. 백남준의 애국심을 느낄 수 있는 지점이라고 할 수 있을 것 같아! 제목인 다다익선(多多益善)은 '많으면 많을수록 더욱 좋다'라는 뜻인데, 백남준은 이 작품의 제목을 쉬지 않고 물밀듯이 쏟아지는 새로운 문화를 더 많은 사람들이 볼수록 좋다는 생각으로 지었다고 해. 실제로 〈다다익선〉의 TV 모니터는 각각 다른 비디오 영상을 쉴 틈 없이 방송하고 있단다.

어때? 백남준의 비디오 아트를 쭉 보니, 물감과 붓 대신 TV를 가지고도 충분히 작품을 만들 수 있다는 걸 알겠지? 그렇다면 백남준은 언제부터 비디오 아트 작업을 시작했을까? 바로 1963년 독일 부퍼탈에서 열린 백남준의 첫 개인전 〈음악의 전시—전자 텔레비전〉이 출발점이었어. 이 당시만 해도 TV가 엄청 비쌌는데 백남준은 무려 열세 대의 흑백 TV를 구입해서 설치했대. 그런데 이 TV에서 나오는 영상이 사람들의 허를 찔렀어. 사람들이 아는 텔레비전은 드라마나 공연, 뉴스를 보여 주는 방송 기계인데, 백남준의 TV는 완전 달랐거든. 어떤 TV 화면에서는 불꽃이 보이고, 아예 거꾸로 뒤집힌 영상이 나오기도 했어. 관객들이 발로 밟거나 손으로 만져야만 화면

이 움직이고 소리가 나기 시작하는 TV도 있었어. 관객이 어떻게 행동하느냐에 따라 영상이 다르게 나오도록 백남준은 TV를 분해해 일부러 '고장' 내 버린 거지. 그는 마치 놀잇감을 다루듯 TV를 자유자재로 변형시켜 예술 소재로 삼았고, 이것이 곧 비디오 아트라는 새로운 예술 장르가 되었어.

퍼포먼스 천재, 백남준

그렇다면 백남준은 어쩌다가 TV를 가지고 예술을 할 생각을 했던 걸까? 백남준은 다방면으로 천재였어. 미술도 잘했을 뿐 아니라 작곡가이기도 했지. 백남준이 독일에서 유학했을 때, 이미 '아시아에서 온 문화 테러리스트'라고 불렸을 정도로 엄청난 퍼포먼스 예술가로 활약했대. 백남준은 기존의 상식을 깨는 걸 좋아했던 것 같아. 비디오 아트를 하기 전 백남준은 사람들이 전혀 예상치 못한 행동을 하면서 사람들을 놀라게 했던 괴짜이기도 했어. 예를 들어, 1961년 미국에서 열린 〈오리기날레〉 공연에서 백남준은 하얀 종이 위에 서예를 했는데, 당황스럽게도 붓으로 서예를 하지 않았어. 잉크와 토마토 주스가 들어 있는 통에 머리를 담근 다음 바닥에 놓인 종이 위를 기어가면서 머리카락으로 천천히 선을 그었지! 제목은 바로 〈머리를 위한 참선(Zen for Head)〉. '참선'은 불교에서 마음을 한곳

에 모아 고요히 생각하는 일을 뜻해. 그러니까 백남준은 머리카락을 붓처럼 이용해 서예를 한 거야. 관객들이 엄청 놀랐겠지? 이처럼 그는 지금까지 늘 당연하게 여겨왔던 것을 완전히 다른 방향으로 생각할 수 있다는 사실을 즐기는 사람이었어. 그래서였을까? 언젠가 기자가 '왜 예술을 하느냐'고 물으니 백남준은 "인생은 싱거워요. 그래서 좀 짭짤하게 하려고요."라고 대답했대. 국이 싱거우면 소금을 넣듯이, 백남준은 예술을 통해 우리가 인생을 좀 더 맛있게 살아갈 수 있도록 노력한 것 같아.

난 고정관념이 싫어!

백남준의 괴짜 행동은 이것뿐만이 아니었어. 1960년 독일 쾰른에서 열린 〈피아노포르테를 위한 연습곡〉 공연에서는 백남준이 피아노곡을 연주하다가 갑자기 한 관객의 넥타이를 싹둑 자르고, 그 옆 사람의 머리 위에 샴푸를 붓고는 무대에서 퇴장했어. 그리고 10분 뒤 공연장 근처 카페에서 전화를 걸어서 "공연이 끝났으니 다들 돌아가세요."라고 관객들에게 공지했대. 관객들은 얼마나 황당했을까? 백남준은 바이올린과 피아노를 공개적인 장소에서 때려 부수는 과격한 행동을 하기도 했어. 전통적인 악기인 피아노와 바이올린의 오랜 권위를 받아들이지 않았기 때문이야. 그는 모든 것이 악기가 될 수 있다고 생각했어. 수탉이 우는 소리와 유리창이 깨지는 소음 역시 음악이라고 주장하기도 했지. 백남준은 그만큼 고정관념에서 벗어나 자유로웠던 예술가였어.

이렇게 일상과 예술의 경계를 허물고자 노력했던 사람이었기에, 백남준은 TV를 가지고 예술을 하는 용기를 낼 수 있었을 거야. 1960년대에 TV는 귀중한 가전제품이자 재산이었어. 그런 귀한 TV를 분해하고 해체해서 자신이 원하는 방식의 영상이 나오도록 '고장 내는 것' 자체가 얼마나 큰 모험이었겠니? 피아노와 바이올린을 파괴하면서 권위를 깨뜨렸듯이, 백남준은 TV가 가지고 있었던 권위도 공격하고 싶었는지 몰라. 1993년에 공개된 백남준의 인터뷰를 볼까? 백남준은 당시 〈휘트니 비엔날레 서울전〉 전시를 열 때 도움을 줬는데 그 계기를 인터뷰에서 이렇게 설명했어. "우리 청년들에게 맛있는 음식을 주려고 이 전람회를 끌어온 것이 아니다. 청년들에게 어떤 음식이든 깨뜨려 먹을 수 있는 강한 이빨을 주려고 이 고생스러운 쇼를 하는 것이다." 백남준이 생각하는 예술이란 자유였던 것이지.

거기 두었을 뿐인데 작품이 되다니

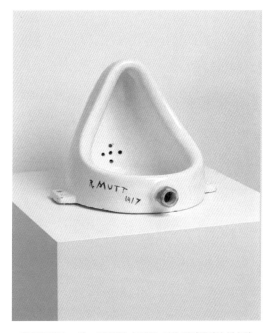

마르셀 뒤샹, <샘>, 1917년, 복제품, 미국 필라델피아 미술관

아, 그런데 궁금하지 않니? 앞서 본 〈TV 부처〉처럼 그냥 주변에서 흔히 볼 수 있는 TV 모니터와 비디오카메라, 부처상을 나란히 설

치한 작품이 어떻게 백남준의 작품이 될 수 있는지 말이야. 이 물건 중에 백남준이 만든 건 하나도 없으니까. 근데 충격적이게도, 이거 예술 맞아! '개념 미술'이라고 하는데, 완성된 작품보다는 미술가의 아이디어를 중요시하는 미술이지. 대표적인 개념 미술 작품이 바로 프랑스의 예술가 마르셀 뒤샹의 〈샘〉이야. 뒤샹은 가게에서 팔고 있던 남성용 소변기에 사인만 해서 전시회에 내놓았어. 소변기에서는 원래 물이 퐁퐁 나오니까 〈샘(분수)〉이라는 제목을 붙였지. 뒤샹은 이 변기를 실제로 만들지 않았지만, 이미 공장에서 만들어진 변기를 선택해 아이디어를 넣음으로써 작품을 만든 거야. 작가의 의도와 해석이 더해지면 예술이 된다고 주장한 셈이지.

마찬가지로 백남준의 〈TV 부처〉도 아이디어가 빛나는 작품이야. TV 앞엔 명상 중인 부처님이 앉아 있어. 그런데 TV 모니터 안엔 부처님 자신의 얼굴이 떠 있어. 비디오카메라에 잡힌 자신의 모습을 다시 부처가 바라보는 구도인 거지. 우리라면 자기 얼굴을 계속 주시하면서 가만히 있을 수 있을까? 힘들겠지? 그리고 보면 작품 속 부처님은 정말 어려운 명상을 하고 있는 셈이야. 명상은 자기를 잊기 위해 하는 거라는데, 자기 얼굴이 눈앞에 떡하고 떠 있으니까. 부처님마저도 현대 과학의 발명품인 TV에 잡혀 있는 현실. 사람들은 〈TV 부처〉를 보며 TV만 종일 보고 있거나 스마트폰 화면만 뚫어져라 보고 있는 자신을 떠올리곤 했어. 비록 백남준은 모니터와 비디오카메라와 부처상을 직접 만들지 않았지만, 전혀 관계없어 보이는 부처상과 모니터를 같이 놔둬서 사람들에게 여러 생각할 거리를 던져 준 거야. 백남준의 작품이 여전히 인기 있는 건 바로 이런 힘을 갖고 있기 때문이 아닐까?

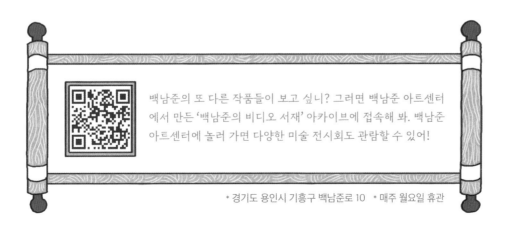

백남준의 또 다른 작품들이 보고 싶니? 그러면 백남준 아트센터에서 만든 '백남준의 비디오 서재' 아카이브에 접속해 봐. 백남준 아트센터에 놀러 가면 다양한 미술 전시회도 관람할 수 있어!

• 경기도 용인시 기흥구 백남준로 10 • 매주 월요일 휴관

신사임당, 〈초충도 8폭 병풍〉 중
제3폭 '수박과 여치',
제5폭 '맨드라미와 개구리'

16세기, 강릉시 오죽헌·시립미술관

7

이게 그림이야, 사진이야?
신사임당 〈초충도〉

흠…. 이 그림 좀 익숙한 것 같은데.
어디서 봤더라?

여기 5000원 지폐 뒷면을 자세히 봐.
왼쪽과 오른쪽에 그림 보이지? 둘 다 신사임당의 그림이란다!

그런데 5000원 지폐 인물은 율곡 이이 아니에요?
왜 뜬금없이 신사임당의 그림이 있어요?

하하. 율곡 이이의 어머니가 신사임당이거든.

그럼 나중에 제가 유명해져서 지폐에 실리면
엄마 책도 같이 실리겠네요, 히히!

신사임당, <초충도 8폭 병풍> 중 제3폭 '수박과 여치', 제5폭 '맨드라미와 개구리',
16세기, 강릉시 오죽헌·시립박물관

용돈 안에
그림이 있다니,
재미있지?

지폐에도 있는 유명한 그림

조선 시대의 화가 신사임당(1504~1551)의 이름 정도는 들어 봤지?
그도 그럴 것이 5만 원 지폐 속 인물이니까. 5만 원 지폐에서 신사
임당의 그림도 본 적 있니? 같이 찾아보자. 5만 원 지폐 앞면 신사
임당 초상 왼쪽에 커다란 이파리가 있는 포도 그림 보이지? 바로 신
사임당이 그린 〈묵포도도〉야. '먹물로 묘사한 포도 그림'이라는 뜻
이지. 그다음에 눈을 크게 뜨고 〈묵포도도〉 오른쪽을 봐. 가지가
탐스럽게 열려 있는 그림이 희미하게 보일걸? 바로 신사임당의 자수
그림 〈가지〉야. 〈가지〉는 병풍 위에 실로 수를 놓은 작품이란다. 신

신사임당, <묵포도도>, 16세기, 비단에 수묵,
간송미술문화재단

신사임당, <자수 초충도 병풍> 중 제7폭 '가지',
16세기, 목공단에 자수, 동아대학교 석당박물관

사임당은 자수 예술가이기도 했거든.

아들 율곡 이이(1536~1584)가 등장하는 5000원에도 신사임당의 작품 두 점이 실렸어. 우리나라 지폐에 작품이 네 점이나 실린 걸 봐도, 신사임당이 얼마나 대단한 예술가인지 알겠지? 그만큼 조선 시대를 대표하는 화가였다고 생각하면 돼.

날 때부터 남달랐던 천재

신사임당은 1504년 강원도 강릉에서 태어나 마흔여덟 살인 1551년에 서울 삼청동에서 세상을 떠났어. 사실 이렇게 태어난 해와 사망한 해가 정확히 알려진 여성은 조선 시대에 얼마 없어. 조선 시대, 특히 중기 이후에는 남녀 차별이 정말 심했거든. 여성들은 집안에서 오로지 아이를 낳아 키우고, 집안일만 하며 살다가 역사에 흔적도 없이 사라져야 했지. 그런 시대 속에서 신사임당은 정말 눈에 띄는 여성이었다고 생각하면 돼. 여성이었던 신사임당이 유명해진 데에는 그림의 힘이 크단다!

그렇다면 신사임당은 언제부터 그림을 잘 그리게 된 걸까? 기록에 따르면 일곱 살 때부터 안견의 그림을 곧잘 따라 그렸다고 해. 앞에서 봤던 안견 기억나지? 안평대군이 꾼 꿈을 그린 〈몽유도원도〉의 화가 말이야. 신사임당이 살았던 시대에 안견은 조선 최고의 화가로 평가받고 있었어. 그 최고 화가의 그림을, 지금 시대로 치면 초등학교도 들어가기 전인 어린 나이에 똑같이 따라 그렸다고 하니 얼마나 재능이 뛰어났는지 알겠지?

그뿐만이 아니야. 잔치가 벌어진 어느 날, 손님으로 온 한 부인이 비싼 치마에 음식을 쏟았대. 울상이 된 그 부인에게 신사임당이 다가가 "치마 한번 벗어 봐 주세요."라고 말했대. 자신이 해결할 수 있을 것 같다면서 말이야. 그러고는 어떻게 했는지 알아? 음식으로 얼룩진 자국 위에 먹물로 포도 그림을 그리기 시작했어! 사람들은 허

어머나, 한복이 더 예뻐졌어요!

릿단에서부터 거꾸로 늘어져 내린 포도 덩굴과 포도송이를 보고 감탄을 그치지 못했지. 나중에 이 치마를 시장에 내놓았더니, 원래 값보다 훨씬 비싸게 팔렸다는 이야기가 전해져. 5만 원 지폐에 있는 〈묵포도도〉만 봐도 신사임당이 비단 치마 위에 그린 포도 그림이 어떠했을지 상상이 될 거야. 신사임당은 지금의 우리처럼 그림 위에 알록달록하게 색칠하지 않고, 오직 까만 먹물만을 진하거나 연하게 쓰는 방식으로 이용해서 늙고 오래된 줄기, 잘 익어 가는 포도알을 멋지게 표현했어. 가지는 머뭇거림 하나 없이 자신감 있게 내리긋고, 붓이 한번 지나간 곳에는 덧칠도 허락하지 않았지. 포도의 생태를 한참이나 관찰한 뒤에야 비로소 나올 수 있는 태도겠지?

매의 눈 신사임당

이런 세심한 관찰력은 〈초충도〉를 그릴 때 진가가 발휘됐어. '초충도'란 풀 초(草), 벌레 충(蟲), 말 그대로 풀과 벌레를 그린 그림이란 뜻이야. 신사임당은 작은 풀과 꽃 그리고 그 주위에서 흔히 볼 수 있는 조그만 곤충들을 즐겨 그렸거든. 앞에서 봤던 지폐 속 '수박과 여치', '맨드라미와 개구리', '가지'도 모두 〈초충도〉에 속한다고 할 수 있지. 풀과 벌레를 얼마나 자세하게 관찰하고 세심하게 그렸던지 이런 일도 있었어. 어느 날 신사임당이 풀벌레 그림을 정성껏 그린

후, 햇볕에 말리려고 마당에 널어놓았대. 그리고 조금 뒤 물감이 다
말랐는지 확인하러 갔다가 그만 깜짝 놀라고 말았어. 세상에 그림
에 구멍이 송송 나 있었지 뭐야? 알고 보니 마당에 풀어 놓은 닭이
신사임당이 그린 그림 속 벌레를 진짜 벌레로 착각하고 콕콕 쪼아
버린 거야. 닭도 속을 만큼 신사임당의 그림은 정말 감쪽같았나 봐.
실제로 신사임당의 그림 속 벌레들은 마치 살아 움직이는 것처럼 생
생하게 묘사돼 있어서 '곤충도감' 같기도 해. 조선 제19대 왕인 숙종
도 신사임당의 〈초충도〉를 보고 "풀이랑 벌레가 실물과 똑같구나!"

라고 감탄했다니 말 다 했지.

그런데 신사임당은 왜 하필이면 마당에서 흔하게 볼 수 있는 풀과 벌레를 그렸던 걸까? 너무 흔해서 시시해 보일 수 있지만, 자세히 들여다보면 진정한 아름다움이 숨어 있지! 신사임당은 흔하고 사소한 것에서 아름다움을 발견하는 재능이 있었어. 무심코 지나치기 쉬운 길가의 잡초나 벌레에도 관심을 가지고 그것의 아름다움을 기어코 찾아내 그렸지. 자세히 보아야 예쁘다고, 오래 보아야 사랑스럽다고 한 나태주 시인의 시처럼 말이야.

그리고 쉽게 볼 수 있다고 하찮은 건 아니잖아? 모두 소중한 생명을 갖고 있으니까. 신사임당은 모든 생명에 두루 관심을 가지고 이들을 아껴야 한다고 생각했던 것 같아. 이것은 조선의 유교 사상에서 비롯된 가치관이기도 했어. 유교는 '하늘이 인간에게 준 본바탕을 찾기 위해서는 하늘의 이치를 탐구해야 하고, 하늘의 이치는 세상에 있는 모든 것을 관찰함으로써 깨달을 수 있다'고 가르쳤거든. 유학자이기도 했던 신사임당은 그런 마음으로 사람들이 사소하다고 쉽게 여겼던 풀과 벌레를 열심히 그렸을 거야. 사랑하는 마음이 있었으니 그토록 오래도록 꼼꼼하게 관찰할 수 있었을 테지.

'독일 미술의 아버지'로 불리는 화가 알브레히트 뒤러(Albrecht Dürer, 1471~1528)가 꽃 그림 〈매발톱꽃〉을 정성스럽게 그린 것도 같은 이유 때문일 거야. 뒤러는 신이 만물을 창조한 만큼 작고 변변치

(왼쪽) 알브레히트 뒤러, <매발톱꽃>, 1526년, 종이에 수채, 오스트리아 알베르티나 미술관
(오른쪽) 신사임당, <초충도 8폭 병풍> 중 제4폭 '양귀비와 도마뱀', 16세기, 종이에 채색, 국립중앙박물관

않아 보이는 것에서도 신의 손길을 느끼고 발견해야 한다고 믿었
어. 뒤러는 독실한 기독교 신자였거든. 그런데 뒤러의 〈매발톱꽃〉
의 색상이나 구도가 신사임당의 그림 〈양귀비와 도마뱀〉과 정말
비슷하지 않니? 뒤러와 신사임당은 같은 시대에 살았던 사람들이
야. 물론 각각 독일과 조선이 지리적으로 멀리 떨어져 있어 서로 전
혀 모르는 사이였겠지만 종교도 나라도 다른 두 사람이 마치 약속
이나 한 것처럼 비슷한 마음으로 비슷한 분위기의 그림을 그린 게
정말 신기하지?

난 산수화로 더 유명했다고!

아, 물론 신사임당은 〈초충도〉만 그리지 않았어. 신사임당이 살아 있었을 당시에는 오히려 산수화가로 널리 알려져 있었대. 산수화가 산과 물 같은 자연과 그 속에 있는 사람들을 그린 그림이라는 거, 기억하고 있지? 앞에서 감상했던 겸재 정선의 〈금강전도〉가 대표적 인 산수화지. 신사임당의 아들이자 대학자였던 율곡 이이가 남긴 책 「선비행장」에는 이런 기록이 있어.

어머니는 평소에 글씨 쓰기나 그림 그리기를 매우 좋아하셨 다. 일곱 살 때부터 안견의 그림을 본으로 삼아 산수도를 그렸는 데, 매우 정밀하였다. 특히 포도를 그리면 모두 진짜 같다고들 했 는데, 병풍과 족자(벽걸이용으로 그림을 꾸민 것) 형태로 세상에 많이 전하고 있다.

신사임당과 비슷한 시기에 활동한 작가 어숙권도 자신의 책 「패 관잡기」에서 신사임당의 그림에 대해 이렇게 남겼어.

(신사임당은) 어려서부터 그림을 공부했는데 포도 그림과 산수 화는 매우 훌륭하여, 사람들이 안견 다음가는 솜씨를 지녔다고

한다.

신사임당의 대표작을 얘기하면, 대부분 공통적으로 산수화와 포도 그림을 입에 올렸어. 동양에서는 눈앞에 있는 작은 것을 그리는 초충도 같은 그림보다는 자연의 조화와 힘을 담아내는 산수화가 다른 그림보다 더 어렵고 깊은 뜻을 지니고 있다고 여겼기 때문이야. 그런데 신사임당은 왜 지금 〈초충도〉의 화가로만 알려진 걸까?

여자라서 지워진 이름

사실 이것은 신사임당의 아들인 율곡 이이의 제자들 때문이라는 이야기가 있어. 율곡 이이의 학문을 계승한 조선 숙종 시대 유학자 송시열(1607~1689) 등이 산수화가로서의 신사임당을 의도적으로 지웠다는 거지. 송시열이 활동할 당시의 조선은, 신사임당이 살았던 시대보다 훨씬 더 유교적인 억압이 거세졌던 시기였거든. '남자는 높고 여자는 낮다'는 뜻의 남존여비(男尊女卑) 사상이 더 심해졌지. 그랬던 때였으니 송시열의 눈에 여자인 신사임당의 산수화는 껄끄러웠을 거야. 17세기의 유교적 세계관 아래에서는 신사임당을 두고, 율곡 이이같은 대학자를 낳아 양육한 어머니이자 현모양처로 내세워야 한다는 시대적 요구가 있었어. 송시열은 아마도 신사임당의 산수화를 다른 남성들이 그린 산수화와 같이 평가하는 것 자체가 불편했을 거야.

하지만 〈초충도〉는 달랐어. 풀과 벌레 그림은 산수화와 달리 중요한 그림 장르로 인정하지 않았거든. 양반 남성들이 자주 그린 것도 아니었고 말이야. 그래서 송시열은 신사임당의 〈초충도〉를 엄청 띄웠다고 해. 풀과 벌레를 그릴 만큼 신사임당은 보잘것없는 것에도 사랑과 관심을 베푼 어질고 너그러운 어머니라는 것이었지. "그림 그리는 건 여자의 일이 아니었기에 신사임당은 부모의 명으로 '마지못해' 그림을 그렸다."라고 신사임당의 마음을 지레짐작한 글을 덧붙이기도 했대. 신사임당 입장에서는 좀 억울하지 않을까?

안타깝게도 신사임당의 산수화는 현재까지 남아 있는 게 없어. 율곡 이이의 말처럼, 병풍과 벽걸이용으로 꾸며져 세상에 널리 퍼질 정도로 신사임당은 최고 인기 화가였는데 말이야. 사실 현재 남아 있는 신사임당의 〈초충도〉도 신사임당의 그림인지 명확히 알 수는 없대. '신사임당의 작품이라고 전해진다'라고 알려져 있을 뿐이야. 너무 안타깝지?

내 산수화
누가 다 지운 거야!

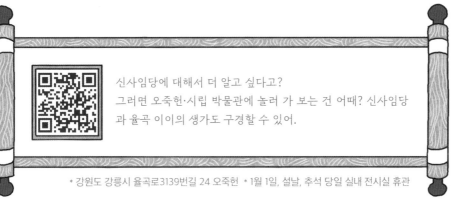

신사임당에 대해서 더 알고 싶다고?
그러면 오죽헌·시립 박물관에 놀러 가 보는 건 어때? 신사임당
과 율곡 이이의 생가도 구경할 수 있어.

* 강원도 강릉시 율곡로3139번길 24 오죽헌   * 1월 1일, 설날, 추석 당일 실내 전시실 휴관

작가 미상, 〈까치 호랑이〉

19세기, 종이에 채색,
개인 소장

8

무명 작가들이 만든 가장 유명한 그림 민화 〈까치 호랑이〉

엄마, 호랑이가 이상해요. 눈이 왜 저렇죠? 어디 아픈 건가?

하하, 전혀 아니야. 오히려 그 덕분에 친근해 보이지 않니? 보통 호랑이를 떠올리면 약간 무서운 느낌이 들잖아.

맞아요, 고양이처럼 귀엽기도 해요.
표정도 고양이가 하악질하는 모습이랑 비슷하잖아요.
하하. 처음엔 고등어 태비 고양이인 줄 알았다니까요!
오히려 옆에 있는 까치가 야무지게 보이는데요?

정확하게 봤어. 까치는 똑똑한 백성을 뜻하고
호랑이는 못된 양반을 의미하거든!

너무 귀엽다!
고양이니?
호랑이니?

작가 미상, <까치 호랑이>, 19세기,
종이에 채색, 개인 소장

이게 호랑이야, 고양이야?

별로 잘 그린 것 같지도 않은 <까치 호랑이>가 유명한 그림이라고
하니까 좀 의아하지? 실제로 제목을 보지 않고 이 그림을 보면, '덩
치 큰 고양이를 그렸나?' 하고 착각할 정도야. 실제 호랑이의 모습이
랑 별로 닮지 않았으니까. 호랑이는 위엄이 있어야 할 것 같은데, 이
그림에서는 도리어 멍청해 보일 정도로 귀여워. 게다가 호랑이 눈은
앞에서 본 모습이고 입은 옆에서 본 모습으로 표현해서 유치원 다니
는 동생들이 그린 엉성한 그림이랑 비슷해 보이기도 할 정도야. 이
럴 때 쓰는 말 있지? 바로 '총체적 난국!'

우리 조상님들은 그림 실력이 형편없었던 걸까? 에이, 설마 그랬을까. 김홍도 기억나지? 〈씨름〉과 〈서당〉 같은 풍속화를 잘 그린 김홍도 말이야. 김홍도는 호랑이도 잘 그렸단다. 같이 한번 볼까?

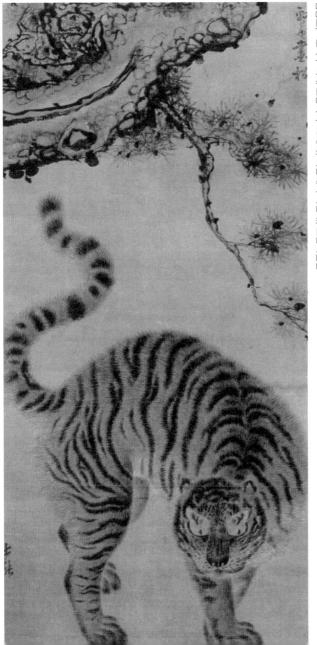

김홍도, 〈소나무 아래 호랑이〉, 18세기, 비단에 수묵담채, 호암미술관

김홍도의 작품 〈소나무 아래 호랑이〉 속의 호랑이는 당장이라도 우리를 덮칠 듯 위협적이고도 위풍당당해. 눈빛도 매섭고 말이야. 우리가 익히 아는 무서운 호랑이의 모습이지. 〈까치 호랑이〉 속 호랑이와는 너무 다르지? 그렇다면 왜 이렇게 차이가 나는 것일까?

〈까치 호랑이〉 같은 그림을 '민화'라고 해. 조선 후기에 서민들 사이에 널리 퍼져 인기를 누렸던 그림이지. 민화를 그대로 풀이하자면 백성(民)의 그림(畵)이라는 뜻이야. 전문 화가가 그린 그림은 아니고, 일반 백성 중에서 그림 솜씨가 좋다고 평가받던 사람이 그린 그림이거든. 그래서 누가 그렸는지 알 수가 없어. 언제 그렸는지도 확인할 수 없지. 민화를 그린 사람들도 스스로 자기 작품을 별로 특별하게 생각하지 않았기 때문에 자기 이름을 남기거나 도장을 찍지도 않았거든.

반면 김홍도의 〈소나무 아래 호랑이〉를 보면, 호랑이 왼쪽에 한 자가 적혀 있는 것을 확인할 수 있을 거야. '사능(士能)'이라는 글자인데, 사능은 김홍도의 또 다른 이름이란다. 그래서 김홍도의 작품이라는 걸 알 수 있는 거지.

이름 없는 화가들의 이름난 그림들

솜씨 좋은 전문 화가의 작품이 아니라 그런지, 민화는 어색한 표현

집 꾸미기
민화!
오늘은 뭘로
붙일까?

이 많아. 그런데 왜 그렇게 백성들 사이에서 인기였던 걸까? 유명한 화가가 그린 것도 아닌데 말이야. 그것은 그림의 성격이 다르기 때문이라고 생각하면 돼.

〈소나무 아래 호랑이〉를 그린 김홍도는 전문 화가였어. 호랑이의 털 하나하나 세밀하게 묘사한 솜씨가 놀라워. 이 그림은 누가 봐도 예술 작품이야. 그런데 민화 〈까치 호랑이〉는? 사실 우리 조상들은 이 그림을 감상용으로 생각하지 않았어. 예술 작품으로 생각했다기보다는 실용적인 물건으로 여겼단다! 민화의 쓰임새는 여러 가지였어. 일단 집 안을 예쁘게 꾸미는 역할을 했지. 옛날 집은 지금처럼 페인트를 칠하거나 벽지를 바를 수 없었어. 대개 흙벽이었기 때문이지. 이럴 때 민화는 아주 요긴했어. 민화는 집 안을 장식하기에 아주 좋은 '집꾸' 아이템이었거든.

최고의 집꾸 소품, 민화

엘리자베스 키스, <집 안 풍경>, 일제 강점기, 종이에 채색, 개인 소장

우리 조상들이 민화를 어떻게 즐겼는지 확인할 수 있는 그림이 있어. 스코틀랜드 출신의 화가 엘리자베스 키스(Elizabeth Keith, 1887–1956)가 그린 〈집 안 풍경〉이라는 그림이야. 키스는 1919년 처음 한국을 방문한 이래 한국과 관련한 80여 편의 작품을 남겼는데, 〈집 안 풍경〉도 그중 하나지.

방 안에는 꽃과 새를 그린 병풍이 언뜻 보이고, 열린 방문의 양편에는 작은 꽃 그림이 여덟 점이나 붙어 있어. 여닫이문 위에는 해, 구름, 산, 물을 담은 화려한 채색의 '장생도'가 보여. '장생도'란 행복하게 오래 살기를 바라는 마음을 자연에 비유한 상징적인 그림이야. 이 작품 속 장생도도 바로 '민화'란다. 엘리자베스 키스는 〈집 안 풍경〉에 대해 다음과 같이 설명했어.

> 비교적 여유 있는 집의 내부 풍경이다. 이 그림을 그린 것은 여름이었다. 한국에서는 방 출입문 흰 벽(앉아 있는 여자의 양쪽 벽)에 값싼 종이에 그린 전통적인 문양을 붙이는데, 처음 붙였을 때는 색깔이 유치하지만, 시간이 지나 퇴색하면 아름답고 부드러운 색으로 변한다. 이는 시간을 상징한다고 한다. (조선 사람들은) 개 그림이 도둑이 들어오지 못하게 막아 주고, 사납게 생긴 사자나 호랑이의 그림은 악귀를 쫓는다고 믿는다.

이렇게 우리 조상들은 집 안 곳곳을 민화로 장식했어. 방이나 창, 혹은 벽에 붙여 실내를 장식한 그림들은 쉽게 색깔이 변하거나 훼손되기 쉬웠기 때문에 수시로 새 그림을 사서 붙어야 했거든. 그러니 민화를 선택할 수밖에 없었을 거야. 게다가 한 번 붙인 그림은 떼거나 옮기기도 어려워서, 그림을 바꿔야 할 때 기존의 그림 위에 새로운 그림을 붙이는 방식으로 교체해야만 했대. 이런 상황에서 김홍도 같은 유명한 화가의 그림으로 집 안을 장식한다면 돈이 엄청 많이 들지 않겠어? 여러모로 화려하고 저렴한 민화가 실용적이었을 테지!

민화야, 어러모로 고마워

그런데 민화는 장식용 그림만은 아니었어. 엘리자베스 키스의 그림 설명 중에 "개 그림은 도둑을 막아 주고, 사납게 생긴 사자나 호랑이의 그림은 악귀를 쫓는다."라는 말 있지? 우리 조상들은 못된 귀신이나 나쁜 기운을 몰아내기 위해서 대문 앞에 민화를 붙여 놓는 등 일종의 부적처럼 민화를 쓰기도 했어. 또 가족의 행복을 빌기 위해서, 또는 누군가를 축하하기 위해서 민화를 사기도 했단다.

〈까치 호랑이〉도 그런 그림이야. 우리 조상들은 특히 새해 첫날, 새해의 소망과 희망을 담은 그림을 집 안 곳곳에 붙였거든. 그림을 봐. 배경에 소나무가 보이지? 소나무는 음력 1월인 정월을 상징하는 나무야. 그 위에는 까치가 앉아 있어. 까치는 좋은 소

아이고,
호랑이
무서워라!

어흥

식을 가져다주는 새라고 믿었거든. 그렇다면 호랑이는? 맹수의 우두머리답게 호랑이는 나쁜 귀신을 용맹하게 물리쳐 줄 거야. 그러니까 〈까치 호랑이〉는 한 해 동안 가정이 화목하고 좋은 소식이 넘쳐나기를 기원하고, 나쁜 기운은 집 안에 들어오지 못하게 막는 '고마운 그림'이었던 셈이야. 새해 첫날에 〈까치 호랑이〉가 얼마나 많이 걸렸을지 짐작이 되지? 그렇다면 특이하게도 그린 사람의 이름이 밝혀진, 다른 버전의 〈까치 호랑이〉를 보자.

신재현, <까치 호랑이(진주 호랑이)>, 1934년, 종이에 채색, 리움 미술관

이 그림은 신재현이라는 사람이 그린 〈까치 호랑이〉인데, 경상남도 진주에서 발견됐다고 '진주 호랑이'라는 귀여운 별명이 붙은 민화야. 역시 소나무가 보이고, 까치도 네 마리나 보이지? 호랑이는 새끼까지 거느리고 있어. 신재현은 그림 속에 '갑술년(1934년) 설날 아침에 신재현이 그렸다(甲戌元旦 申在鉉寫)', '호랑이가 남산에서 부르짖으니 까치들이

모두 모여들었다(虎嘯南山 群鵲都會).'라는 글을 적었어. 역시나 설날에 복을 기원하는 용으로 그려진 그림인 것을 확인할 수 있지.

역시나 다른 민화처럼 신재현의 〈까치 호랑이〉도 개성이 넘쳐. 호랑이의 표정은 마치 요즘 만화처럼 우스꽝스럽고, 발은 찐만두처럼 보여. 새끼 호랑이들은 그냥 대충 크기만 줄여 그린 것처럼 어눌하고 웃긴 모습이야. 그런데 까치는 어때? 희한하게도 호랑이에게 드세게 덤비고 있어. 사실 까치는 호랑이에게 맞설 수 없는 약한 동물이잖아? 하지만 그림 속 까치는 힘을 합쳐서 호랑이를 혼내는 것

같고, 호랑이는 막무가내로 당하고만 있어. 호랑이가 아무리 으르렁 거려 봤자, 까치는 날아가 버리면 그만이지. 호랑이 체면이 말이 아니지?

민화가 서민들 사이에서 선풍적으로 인기를 끌었던 것은 바로 이런 이유도 있어. 백성들의 소망과 속마음을 민화 속에서 찾을 수 있었기 때문이지! 호랑이는 백성들을 힘들게 하는 못된 양반이나 지배층으로, 그리고 까치는 힘은 약하지만 영리한 백성이라고 생각해 보자. 이렇게 보니까 속이 시원해지지 않니? 물론 그림이 대놓고 이런 의도로 그려졌다고 우리에게 알려 주지는 않아. 하지만 그림을 보는 사람은 대번에 눈치챌 수 있지 않았을까? 이렇게 사회를 은근 하고도 유머러스하게 풍자하는 민화를 보며 힘없는 서민들은 통쾌함을 느끼고 위로도 받았을 거야. 바로 이것이 민화의 힘 아닐까?

다른 민화들도 보고 싶다고? 그러면 한국민화뮤지엄을 소개해 줄게. 이곳에는 무려 5,000여점의 민화들이 소장되어 있어. 〈까치 호랑이〉도 여기에서 볼 수 있단다!

* 전라남도 강진군 대구면 청자촌길 61-5 * 매주 월요일 휴관(월요일이 휴일인 경우 개관)

작가 미상, 〈책거리〉

19세기, 종이에 채색,
리움 미술관

9

내 최애 소장품을 소개합니다
민화 〈책거리〉

우아, 그림 속에 물건이 많아요. 책도 있고,
도자기도 있고, 과일도 있고, 꽃도 있고.

그렇지? 하지만 제목이 '책거리'잖아.
먹거리, 입을 거리라는 말처럼, '책'을 중심으로
여러 가지 물건이 모여 있는 그림이지.

그러면 책을 열심히 읽자는 교훈을 주는 그림이에요?

아니, 행복하게 해 달라는 소원을 비는 그림이었어!

책이랑 행복이 무슨 상관이에요?

작가 미상, 〈책거리〉, 19세기, 종이에 채색, 리움 미술관

선조들이
좋아하는 게
다 안에 있네.

책을 너무 사랑해서

조선이 유교를 건국 이념으로 한 나라라는 것은 알지? 유교는 사람들이 모두 어질고, 의롭고, 예의 바르고, 지혜롭게 살아야 한다고 가르쳤어. 이에 따라 조선의 선비들은 늘 책을 가까이하며 학문을 갈고닦으려고 애썼지. 그래서일까? 우리 조상들은 책 사랑이 유난했어. 김홍도의 〈자리 짜기〉라는 그림에서도 확인할 수 있지!

〈자리 짜기〉는 한 가족의 모습을 그린 그림이야. 아버지는 앉거나 누울 수 있도록 바닥에 까는 물건인 '자리'를 짜고 있어. 그 옆에서 어머니는 물레를 돌려 열심히 실을 뽑는 중이지. 그렇게 일하고

김홍도, <자리 짜기>, 18세기 후반, 종이에 채색, 국립중앙박물관

있는 부모님 뒤에는 어린아이가 돌아앉아 있는데, 막대기로 글자를 짚어 가며 자기 몸집보다 더 큰 책을 소리 내어 읽는 중이야. 부모님 은 땀 흘려 일하고 있지만, 크게 힘들다는 느낌은 들지 않을걸? 왜 냐하면 글을 읽는 아들의 낭랑한 목소리 덕분이지. 책을 보며 공부 하는 아이의 모습에 힘이 불끈불끈 날 거야.

이렇게 책을 읽으며 공부하는 것을 권하는 사회 분위기 덕에 책 그림이 조선 후기에 크게 유행하기도 했어. 조선 제22대 왕이었던 정조(1752~1800)도 책을 특히 사랑해서, 임금이 앉는 옥좌 뒤에 왕의 권위를 상징하는 일월오봉도(하늘과 산, 바다와 숲을 그린 그림) 대신에 '책가도(冊架圖)'를 놓기도 했대. 책가도가 뭐냐고? 책가도란 여러 칸으로 만든 진열장(책가)속에 책과 여러 물건 등을 올려놓은 모습을 그린 그림을 뜻해. 정조는 창덕궁 선정전에서 신하들에게 책가도를 가리키며 이렇게 고백하기도 했대. "옛날에 '비록 책을 읽지는 못하지만, 서점에 들어가서 책을 만지기만 해도 기쁜 마음이 샘솟는다'는 말이 있었는데, 나는 이 말의 의미를 이 그림으로 인해서 공감하게 되었다." 정말로 책을 사랑하는 마음이 느껴지지? 하지만 안

엄마! 저 이 책들 다 읽은 것 같아요.

아이고, 머리야….

타깝게도 궁궐에 있었던 책가도는 현재 남아 있지 않아. 궁중 화가였던 김홍도가 특히 책가도를 잘 그렸다고 하는데, 너무 아쉽지. 예전엔 궁궐에 새로운 병풍 그림이 들어오면 이전 병풍은 보관하지 않고 폐기했다고 하거든. 여하튼 왕이 이토록 책가도를 아끼니 양반들도 앞다퉈 책가도를 집 안에 두었대. 한마디로 '인싸템'이 된 거지.

책 읽기 대결을 그림으로?

이응록, <책가도 병풍>, 1864~1871년, 종이에 채색, 8폭 병풍, 미국 샌프란시스코 아시아미술관

그러면 조선 후기에 책가도를 잘 그리기로 이름을 떨친 화가 이응록의 그림을 살펴보자. 책장 공간의 깊이가 느껴질 만큼 사실적인 그림이야. 조선 후기에 이미 서양의 원근법과 명암법이 들어와서 우리나라 그림에도 활용됐다는 증거지. 제일 먼저 눈에 띄는 건 역시나 칸칸이 나눠진 책장에 가득 쌓여 있는 책이야. 학문과 지식을 쌓는 것을 최고로 여겼던 선비들의 마음과 '나 이렇게 많은 책을 읽었다!'라고 남에게 자랑삼고 싶은 심리가 동시에 엿보여서 재미있어. 그런데 책더미 중간중간에 있는 도자기, 청동기 장식품, 붓과 종이, 벼루는 왜 그린 걸까?

사실 조선 후기 책가도의 유행은 당시 양반들의 해외 물건 수집 열풍과도 관련이 있어. 조선 후기에 들어서자 실학자라고 불렸던 젊은 선비 집단이 청나라(현재의 중국)의 발전된 학문, 제도, 과학 기술을 받아들여야 한다고 주장했거든. 점점 실학자들의 목소리가 사회에 받아들여지자 양반들은 청나라에서 온 진귀한 서적과 새로운 물건들을 앞다퉈 수집하기 시작했대. 이응로의 책가도에서도 당시 사회 분위기의 흔적을 찾을 수 있어. 그림 속의 도자기나 청동기 모두 중국 청나라에서 제작된 물건들이거든. 그런 점에서 책가도는 청나라의 새로운 문물에 대한 호감과 학문에 대한 애착이 만나 만들어진, 조선 후기 양반 사회의 초상화라고도 할 수 있겠지.

내가 모은 물건 자랑 대회

궁중에서 시작된 책가도 유행은 점차 민간으로 확산됐어. 그런데 일반 양반들 집은 궁궐보다 크기가 훨씬 작잖아? 그래서 그림의 크기를 줄여야 했지. 궁궐의 책가도와 달리 백성들의 책가도는 크기가 1/3 또는 1/4까지 작았어. 크기가 작다 보니, 더 많은 것들을 담기 위해서는 책장을 그리지 않는 게 나았어. 대신 탁자와 같은 가구를 활용하거나 물건들을 한군데로 모으는 긴밀한 구성으로 바뀌었지. 좀 더 정물화스러워졌달까? 정물화가 뭐냐고? 스스로 움직이지 않는 물체들을 그린 그림을 뜻해. 이렇게 책장 없이 책과 물건들을 한데 모아 놓은 그림이 바로 민화 '책거리'야.

궁중의 책가도가 민화 '책거리'가 되면서, 그림의 성격도 많이 바뀌었단다. 원래는 공부에 대한 소망을 담은 그림이었는데, 그 주변에 행복을 기원하는 물건을 놓기 시작했거든. 왼쪽 그림을 보면, 책 위에 아슬아슬하게 올려진 오이 보이니? 그 옆에 있는 빨간 고추는? 바로 '남자아이'를 낳게 해 달라는 상징이야. 조선 시대에는 사람들이 아들을 더 좋아했었거든.

오른쪽 그림 속에는 과일이 많이 보이는데, 커다란 복숭아는 오래 살길 바라는 염원이 들어 있고, 씨가 많은 수박은 아이를 많이 낳게 해 달라는 소망을 나타냈다고 해. 그리고 새가 연밥을 쪼는 것

(왼쪽) 작가 미상, <책거리>, 19세기, 종이에 채색, 미국 샌프란시스코 아시아미술관
(오른쪽) 작가 미상, <책거리>, 19세기, 종이에 채색, 리움 미술관

은 합격을 상징한단다! 그러니까 책을 통해 학문에 대한 열정을 표현했던 것 못지않게, '과거 시험에 합격하고 아이를 많이 낳은 뒤 건강히 오래 살고 싶다!'라고 복을 비는 마음이 간절하게 배어 있는 것이 바로 '책거리'야. 이런 그림을 방에 걸어 놓으면, 그 방에 사는 사람이나 그림을 보는 사람이 좋은 기운을 받을 수 있다고 믿었대. 현실적인 욕망이 표출된 정물화인 셈이지.

행복을 그린 책거리, 죽음을 그린 정물화

원하고 바라는 걸 다 그려 보자.

그런데 재미있는 사실이 있어. 서양의 정물화는 우리와 정반대의 의미를 담고 있다는 점이야! 예를 들어 우리 조상들이 그린 과일은 '행복'을 상징하고 있는 반면, 서양 사람들은 '죽음'을 나타내기 위해 과일을 그렸어. 네덜란드 화가 얀 다비츠 데 헤임(Jan Davidsz. de Heem, 1606~1683/4)의 〈탁자 위의 정물〉을 볼까? 탐스러운 과일을 담았을 은식기는 바닥을 보이며 쓰러져 있고, 껍질을 반쯤 벗긴 오렌지는 바짝 말라 있지. 유리잔은 깨지기 쉽고, 먹음직스러운 굴은

얀 다비츠 데 헤임, <탁자 위의 정물>, 17세기, 나무판에 유채, 스페인 마드리드 프라도 국립미술관

상할 테며 윤기 나는 저 포도들도 금방 썩겠지. 다시 말해 서양의
정물화는 세상의 모든 것들이 잠깐은 좋아 보여도 결국은 다 허무
하다고 얘기하고 있어. 그러니까 정물화는 유일하게 영원한 존재인
신을 믿으라는 일종의 종교화라고도 할 수 있어. 신기하지?

　이렇게 겉으로 보기에는 책가도와 책거리, 서양의 정물화 모두 평
범한 사물을 묘사한 그림일 뿐이지만, 자세히 들여다보면 그 시대의
풍속화나 다를 바 없어. 그림을 탄생시킨 사회상이 그림 속에 고스
란히 담겨 있거든. 당대를 살아가는 사람들의 삶과 꿈뿐만 아니라

두려움까지 모두 서려 있는 이야기 상자인 셈이지! 이 오래된 그림들이 지금까지 살아남아 사람들의 호기심을 끌어당기는 이유, 이제 알겠지?

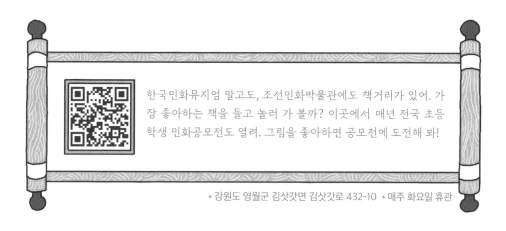

* 강원도 영월군 김삿갓면 김삿갓로 432-10 · 매주 화요일 휴관

〈금동반가사유상〉
─────────────────
7세기 전반(삼국시대), 국보,
국립중앙박물관

10

평온함을 주는 신라의 보물
〈금동반가사유상〉

이 작품, 국립중앙박물관 사유의 방에서 본 기억이 나요!

맞아, 그곳에 있는 두 점의 반가사유상 중 하나야.
방 이름처럼 깊은 생각에 잠겨 있는 모습이지?

그런데 무슨 생각을 이렇게 골똘히 하는 걸까요?

불교에서는 사람이 반드시 겪게 되는 네 가지 고통이 있다고
가르치고 있어. 태어나 늙고 병들고 죽는 것 말이야.
그에 대해 고민하는 모습이야.

이상하네요. 고민하고 있다는데 전혀 힘들어 보이지 않는데요?
오히려 되게 편안해 보이는데….

평온한 표정인
당신은 누구세요?

<금동반가사유상>, 7세기 전반(삼국시대), 국보,
국립중앙박물관

누구를 조각한 걸까?

지금 국립중앙박물관 사유의 방에 들어가서 <금동반가사유상>을
마주하고 있다고 상상해 보자. 갸름한 얼굴에 오뚝한 콧날만 보면
인상이 다소 날카로울 것 같지만, 살짝 감은 두 눈과 꼭 다문 입에
서 은은한 미소가 흐르는 덕에 따뜻한 느낌이 들어. 산처럼 솟은
장식이 세 개 있다고 해서 '삼산관(三山冠)'이라고 부르는 관을 머리에
쓰고, 상반신에는 옷을 걸치지 않고 원형의 목걸이만 건 단순한 모
습이지. 허리엔 얇은 천을 둘렀는데 아래쪽으로 부드럽게 흘러내리
고 있어. 왼손은 오른쪽 발목을 잡고 오른손은 살짝 들어 볼에 댔

는데, 손가락 모양이 너무나 섬세해서 마치 곧 움직일 것만 같아. 오른쪽 다리를 들어 왼쪽 다리의 무릎 위에 올려놓은 채 앉은 '반가부좌' 자세는 복잡해서 만들기 까다로운 조각으로 유명해. 하지만 우리 조상들은 금속(청동)으로 세밀하게 만들었지. 청동의 두께는 5밀리미터에 불과한데도 흠집이 거의 없대. 당시 우리나라 조각 기술이 굉장히 발달해 있었다는 것을 보여 주는 예라고 할 수 있겠지! 자, 그렇다면 이토록 아름다운 〈금동반가사유상〉은 도대체 누구를 묘사한 것일까?

〈금동반가사유상(金銅半跏思惟像)〉의 뜻부터 살펴보자. '금동(金銅/쇠금, 구리동): 동으로 만들어 금을 입히고, 반가(半跏/반반, 책상다리할 가): 한쪽 다리만 올리고, 사유(思惟/생각 사, 생각할 유): 생각에 잠긴' 불교 조각이라는 뜻이야. 이는 지금으로부터 약 2,500년 전, 불교의 창시자인 석가모니(싯다르타)가 인도의 왕자였을 때 "어떻게 하면 사람이 겪는 갖가지 고통을 없앨 수 있을까?" 고민하던 모습에서 유래했대. 이 해답을 얻기 위해 석가모니는 국왕 자리도 뿌리치고 궁궐을 떠난 후 오랜 시간 명상을 거듭했고 마침내 깨달음을 얻었지. 그는 '붓다'가 된 거야! 고대 인도에서는 깨달음을 얻은 사람을 '붓다'라고 불렀거든. 붓다의 가르침은 중국으로 퍼졌고, 가장 비슷한 발음인 한자 '불타(佛陀)'로 번역되었어. 우리 조상들도 처음에는 중국식으로 불타라고 부르다가 점차 부르기 쉽게 '부처'로 바꿔 불렀다

고 해. 그러니까 〈금동반가사유상〉은 부처님의 모습을 조각한 작품
이야.

이 구역 반가사유상은 나야, 둘이 될 수 없어

(왼쪽) 〈금동반가사유상〉, 7세기 전반(삼국시대), 국보, 국립중앙박물관
(오른쪽) 〈고류지 목조반가사유상〉, 7세기(일본 아스카시대), 국보 제1호, 일본 교토 고류지

그런데 재미있는 사실이 있어. 〈금동반가사유상〉과 쌍둥이처럼 닮
은 불상이 일본에도 있다는 것! 바로 〈고류지 목조반가사유상〉이

야. 일본 교토시의 고류지라는 절에 있는 불상인데, 독일의 철학자 야스퍼스는 〈고류지 목조반가사유상〉을 보고 "이 불상이야말로 고대 그리스나 고대 로마의 그 어떤 조각 예술품과 비교할 수 없을 정도로 매우 뛰어난, 감히 인간이 만들 수 없는 살아 있는 예술미의 극치이다."라고 칭찬했대. 그래서 그런지 일본의 국보 제1호이기도 해. 그런데 자세와 표정, 옷과 장식품까지 우리나라의 〈금동반가사유상〉과 너무 비슷하지 않니? 물론 〈금동반가사유상〉은 청동으로 만들었고 〈고류지 목조반가사유상〉은 나무로 만들었다는 차이가 있긴 하지만, 같은 사람이 만들었다고 해도 이상할 게 없을 정도야.

그래서 〈고류지 목조반가사유상〉은 삼국 시대에 우리나라에서 만들어진 뒤 일본으로 전해진 것으로 짐작하고 있대. 증거도 있어. 일본의 초기 불상들은 모두 노송나무를 사용해 만들었는데, 〈고류지 목조반가사유상〉은 적송(춘양목)을 사용했어. 적송이라는 나무는 한반도에만 있고, 일본에서는 자

나는 춘양목,
한국
나무야.

라지 않거든. 또 일본의 초기 불상들은 몸의 각 부분을 여러 개의 나무로 따로따로 만들어 조립했는데, 〈고류지 목조반가사유상〉은 한 토막의 나무 전체를 조각해 내었다는 점에서 특이하지. 일본인들이 조각한 게 아니라, 우리 조상들이 만들어 일본에 보냈다고 생각하는 이유야.

너의 고향은 어디니?

〈고류지 목조반가사유상〉 덕분에 〈금동반가사유상〉을 만든 사람이 어느 나라 출신인지 짐작할 수 있게 된 것도 재밌는 지점이야. 원래 〈금동반가사유상〉을 백제 사람이 만들었는지, 신라 사람이 만들었는지 밝혀지지 않았거든. 그런데 〈고류지 목조반가사유상〉이 있는 고류지는 진하승이라는 신라계 사람에 의해 창건된 절인데다가, 일본에서 가장 오래된 역사책인 「일본서기」에는 "623년 신라에서 가져온 불상을 고류지에 모셨다."라는 기록이 있대. 그래서 〈고류지 목조반가사유상〉과 비슷한 〈금동반가사유상〉이 신라와 큰 관련이 있다는 걸 알 수 있지.

그런데 신라에서는 청년 집단의 대표인 화랑을 미륵보살의 화신으로 모시는 사상이 있었어. 그래서 〈금동반가사유상〉은 〈금동'미륵보살'반가사유상〉이라고 부르기도 한다. 미륵보살은 56억 7천만 년 후 세상에 나타나 모든 사람을 구한다는 붓다야. 그러니까 〈금동반가사유상〉은 간절하게 구원을 기다리던 신라인들의 기도를 담은 '미륵보살상'이기도 한 셈이지!

〈생각하는 사람〉아, 너도 같은 생각을 하고 있구나?

로댕, 〈생각하는 사람〉, 1888년, 청동, 프랑스 로댕박물관

이렇게 고요하게 눈을 감고 다시 태어날 먼 미래를 생각하며 명상에 잠긴 〈금동반가사유상〉을 보면 떠오르는 작품이 있어. 머나먼

프랑스에서 만들어진 조각상, 바로 오귀스트 로댕(Auguste Rodin, 1840~1917)의 〈생각하는 사람〉이야. 마치 변비 때문에 변기에 오래 앉아 있어야 하는 아저씨를 묘사한 것처럼 보이는 그 작품 알지? 둘 다 생각 중인 인물을 표현한 작품인데, 차이점이 있어. 〈생각하는 사람〉은 표정도 굉장히 어둡고, 허리를 숙인 채 팔꿈치를 무릎에 대고 있어서 분위기가 되게 무거워 보여. 실제로 로댕은 애초에 〈생각하는 사람〉을 만들 때 지옥에서 고통받는 영혼들을 내려다보는 사람을 상상했다고 하니, 그 '생각'이라는 것이 얼마나 심각하고 진지한지 알겠지?

그렇다면 〈생각하는 사람〉보다 1200년 이상 오래된 〈금동반가사유상〉을 볼까? 로댕의 작품에서는 인간의 고통과 괴로움이 읽힌다면, 반가사유상에선 신기하게도 평화가 느껴져. 인간의 모든 근심을 극복한 사람만이 지을 수 있는, 여유로운 미소를 짓고 있잖아. 명상을 통해 깨달음을 얻었기에 이런 맑고 평온한 표정이 나오는 것 아닐까?

로댕의 〈생각하는 사람〉과 〈금동반가사유상〉 모두 '생각'의 출발점이 같아. 바로 인간 세상의 혼란과 괴로움을 목격하면서부터였다는 점! 하지만 로댕의 작품은 안타까워하는 것에 집중했다면, 〈금동반가사유상〉은 인류를 죽음과 고통과 죄악에서 건져 내기 위해 애쓰면서 깨달음을 얻는 과정을 드러내고 있지. 우리가 〈금동반가사유상〉의 미소를 보며 마음의 평화와 위안을 얻는 건 이 때문일 거야. 이제 왜 〈금동반가사유상〉의 은은한 미소가 그토록 유명한지 알겠지?

엄마랑 미술관 또 가고 싶다고 생각하는 거지?

엄마, 제 표정을 보고 제가 무슨 생각하는지 맞혀 봐요.

신라 시대 다른 유명한 작품과 유물들도 보고 싶니? 국립경주박물관에 놀러 오면 모두 볼 수 있어. 전시된 유물들을 보다 보면 화려함과 웅장함에 벅차오를 거야.

* 경상북도 경주시 일정로 186 * 3월·11월 첫 번째 월요일, 1월 1일, 설날, 추석 휴관

천경자, 〈내 슬픈 전설의 22페이지〉

1977년, 종이에 채색,
서울시립미술관

11

결국 나는 다시 일어설 거야
천경자 〈내 슬픈 전설의 22페이지〉

슬픈 것 같으면서도 강해 보이기도 하고.
신비로운 그림인 것 같아요!

그렇지? 유난히 목이 긴 이 여자 그림은
천경자의 자화상이야. 자화상이 뭔지 알지?

당연히 그 정도는 알죠! 화가가 자기 모습을 그린 그림이잖아요.
얼마나 힘든 일이 있었으면 머리에 네 마리 뱀을 그려 넣었을까요?
보기만 해도 소름이 돋아요!

근데 뱀은 천경자의 인생에서 구원자이자 수호신인걸?

네? 그럼 안 물어요?

천경자, <내 슬픈 전설의 22페이지>, 1977년,
종이에 채색, 서울시립미술관

늘 당당했던
화가의 자화상이야.

난 줏대 있게 그림 그릴 거야

동양화가 천경자(1924~2015)의 그림은 정말 알록달록 화려해. 그래서 자주 서양화가로 오해받기도 해. 동양화라고 하면 수묵화를 떠올리는 경우가 많으니 그렇겠지? 조선 시대에는 검소함을 덕으로 삼았던 유교를 섬겼고, 그래서 먹물로만 그린 수묵화를 고상하고 품격 있다고 여겼어. 당연히 수묵화가 대세일 수밖에 없었지. 반대로 화려한 채색화는 유교 사상을 따르지 않는다는 이유로 천대받았어. 이런 생각은 조선 시대가 지나고 나서도 남아 있었어. 하지만 천경자는 이렇게 수묵화만 인정해 주던 동양화단에서 채색화를 고집

한 화가였어. 특히 일제 강점기 이후 채색화는 '일본색'이 깃든 그림이라고 억울한 오해를 받기도 한 상황이었기에 더 용기 있는 행동이었지. 그런 뚝심이 있었기에, 그녀는 조선 시대 이후 억제되어 왔던 색채에 대한 본능을 부흥시킨 장본인이 되었고, 결국 한국 화단에 드물었던 '동양채색화'의 거장이 되었어. 그것도 당시 많이 없었던 여성 화가로 말이야. 정말 독보적인 존재였지!

서양화가는 이젤에 그림판을 기대어 놓고 그리거나, 사다리를 타고 올라가 큰 그림을 그리곤 하지만, 천경자는 낡은 담요를 깐 방바닥에 그림판을 내려놓고, 평생 무릎을 꿇고 허리를 구부린 자세로 그림을 그렸어. 육체적으로는 힘들었겠지만, 마음만은 행복했을걸? 왜냐하면 그림을 그리고 싶어서 '미친 척'까지 했던 사람이었으니 말이야. 도대체 무슨 일이 있었던 걸까?

왜 미친 척을 했을까?

일제 강점기였던 1941년, 천경자는 도쿄여자미술학교에 진학하기 위해 유학까지 갔어. 그 시대에 여자가 유학이라니, 정말 흔치 않은 일이었지. 게다가 미술을 공부한다고 하니 아버지가 강하게 반대했대. 정말 미술 공부를 못할 수도 있다고 생각하니 두려워진 천경자는 꾀를 냈어. 바로 미친 사람 흉내를 낸 거지. 딸의 모습에 겁이 난 아버지는 그제야 일본 유학을 허락했다고 해. 그토록 하고 싶었던 그림 공부를 해서였을까? 바로 성과가 났어. 학교 졸업도 안 한 상태에서 '조선미술전람회'라는 큰 대회에 그림을 출품했는데, 바로 입선한 거야! 그것도 1943년, 1944년에 두 번이나! 천경자가 얼마나 재능이 넘쳤는지 짐작되지?

하지만 기쁨도 잠시, 곧 고난이 연속으로 들이닥쳤어. 귀국했더니 집이 쫄딱 망해서 식구들이 다 쓰러져 가는 초가집에 살고 있더래. 얼마나 기가 막혔을까. 폐결핵을 앓던 여동생은 지긋지긋한 가난 때문에 약 한번 제대로 써 보지 못하고 허무하게 세상을 떠났어. 그 와중에 한국 전쟁까지 터졌지. 혼란의 와중에서도 천경자는 결혼해서 아이를 둘 낳았지만 남편은 돈을 벌려고 하지 않았대. 결국 천경자는 이혼을 택할 수밖에 없었지.

두려움을 없애기 위해

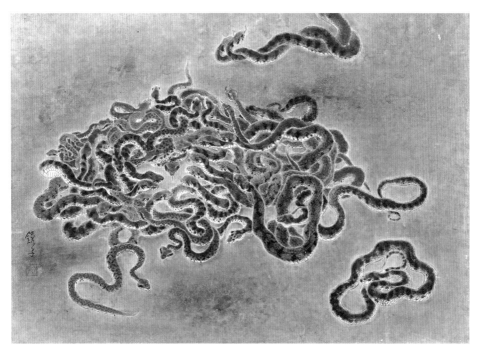

천경자, <생태>, 1951년, 한지에 채색, 서울시립미술관

이때 천경자는 서른다섯 마리의 뱀이 뒤틀린 창자처럼 뒤엉켜 있는 작품 <생태>를 그렸어. 왜 하필이면 뱀이었을까? 그녀는 두려움의 대상이었던 뱀을 똑바로 바라보고 그림을 그릴 수 없다면, 고통에서 벗어날 수 없다고 생각했대. 자기 자신을 상대로 치르는 일종의 시험이었던 거야. 만약 징그럽고 겁이 나서 뱀을 그리지 못한다면, 다시는 붓을 쥐지 않겠다는 결심까지 했대. 폭풍우처럼 쏟아지

는 불행 속에서, 천경자는 지푸라기라도 잡고 싶었던 것 같아. 뱀 가게에 자주 드나들며 뱀의 모습을 스케치했는데, 그 열정에 감동해서인지 가게 주인은 손으로 뱀의 목을 잡고 포즈를 취해 주기도 했대. 하지만 천경자는 좀 더 생동감 있는 뱀의 모습을 원했고, 결국 유리 상자까지 만들어 갔지. 그 덕에 얽히고설키면서 꿈틀거리는 뱀의 모습을 오래 관찰할 수 있었다고 해. 평범한 사람은 소름 끼쳐서 잠깐도 못 볼 텐데 말이야! 천경자는 이렇게 얘기했어. "그림 속의 뱀은 저보고 더 정신 차리라고 채찍질해요. 절망스러울 때마다 뱀을 그리고 싶어요." 으스스한 공포가 오히려 복잡한 생각을 사라지게 하고 고통을 잊게 했다는 거야. 결국 이 〈생태〉는 천경자를 유명하게 만들었어. 1952년 부산에서 열린 전시회에 〈생태〉를 출품하자 바로 화제가 된 거지! 풍경이나 정물을 주로 그리던 시대에 뱀을, 그 것도 스물일곱 살의 젊은 여성이 그렸다는 사실에 사람들은 무척이나 놀랐대. 지금 생각해 봐도 굉장히 대담한 선택이지?

내 안에 있는 두려움을 극복할 거야.

화가 천경자 vs 인간 천경자

천경자는 화가로 승승장구했어. 전시회를 열면 사람들의 큰 호응을 받았고, 〈정〉이라는 그림으로 대통령상까지 받았지. 필리핀, 말레이시아 등 해외에서도 초청이 잇달았어. 일본에서 전시회를 열었을 때, 한 미술 전문지에서 천경자의 그림을 '최고의 그림'으로 선정하기도 했지. 서른 살 되던 해에는 홍익대학교 미술대학 동양화과 교수로 임명되어 경제적인 안정까지 얻을 수 있었어.

하지만 '인간 천경자'의 삶은 평탄하지 않았어. 남편과 이혼 후 새로운 사랑이 찾아왔지만, 결국 그와 결혼은 못 했어. 어정쩡한 상태에서 딸과 아들을 낳았는데, 천경자가 홀로 그 아이들을 책임져야 했지. 전남편 사이에 낳은 두 아이를 포함해 성이 다른 아이 넷을 키우는 과정이 얼마나 어려웠을지 상상이 되지? 사회의 시선도 차가웠을 테고 말이야.

이렇듯 슬프고 외로운 순간이 닥칠 때마다 천경자는 자화상을 그렸어. 나 자신을 관찰하며 그려 나가는 과정을 통해 스스로를 괴롭히던 감정을 좀 더 고요한 마음으로 바라볼 수 있거든. 그럼으로써 감정에 휘둘리지 않고 벗어날 수 있는 거지! 천경자의 원래 이름은 천옥자였어. 그런데 유학 중에 거울 경(鏡) 자를 써서 경자라는 이름으로 바꿔 쓰기 시작했어. 왜 그랬을까? 아마도 천경자에게 그림이

천경자, <내 슬픈 전설의 22페이지>, 1977년, 종이에 채색, 서울시립미술관

란 거울과 같았나 봐. 그림을 거울삼아 스스로를 비추면서 자신의 영혼을 위로하고 상처를 치유할 수 있었으니까. 쉰다섯 살의 천경자가 스물두 살 천경자를 회상하며 그린 〈내 슬픈 전설의 22페이지〉도 그렇게 탄생한 자화상이야. 스물두 살 때의 천경자는 가난과 불행한 결혼 때문에 허덕이고 있었지. 이때는 첫딸이 태어난 시기이기도 해. 굳게 다문 입술, 텅 빈 눈동자가 당시의 고통을 짐작하게 하지. 그런데 천경자의 머리 위엔 강인한 뱀이 꿈틀거리고, 가슴엔 어여쁜 장미꽃이 안겨 있어. 이것은 무슨 뜻일까? 어떤 어려움도 이겨 내겠다는 것(뱀), 그리고 끝까지 기품과 아름다움을 잃지 않겠다는 의지(장미)가 보이지 않니?

이 그림, 내가 안 그렸는데요?

안타깝게도 인생의 파도는 천경자가 예순이 넘었을 때도 멈추지 않고 들이닥쳤어. 1991년, 천경자는 자신이 그리지 않은 그림이 〈미인도〉라는 이름으로 국립현대미술관에 있다는 사실을 뒤늦게 알고 소스라치게 놀랐대. 천경자는 〈미인도〉는 다른 사람이 자신의 작품을 흉내 내어 비슷하게 만든 것이라고 주장했어. 그런데 놀라운 일이 벌어졌어. 분명 화가가 자기가 그린 게 아니라고 하는데도 국립현대미술관과 한국화랑협회는 "〈미인도〉는 천경자의 진짜 작품이다."라

<미인도>. 천경자는 다른 사람이 자신의 작품을 흉내 낸 그림이라고 주장했다.

고 선언해 버린 거야. "내 작품은 내 혼이 담겨 있는 핏줄이나 다름
없다. 자기 자식인지 아닌지 모르는 부모가 어디 있느냐."는 천경자
의 항변은 오히려 "자기 자식도 몰라보는 작가"로 돌아왔지. 충격을

받은 천경자는 2주 동안 식사도 거의 못 할 지경이었대.

천경자가 세상을 떠난 후인 2016년에 '프랑스 뤼미에르 광학연구소'가 〈미인도〉를 조사했어. '뤼미에르 광학연구소'는 빈센트 반 고흐, 테오도르 제리코 등 유명한 화가들의 작품이 진품인지 아닌지 과학적으로 조사하는 세계적인 연구소야. 그런데 뤼미에르 광학연구소의 조사 결과가 어땠는지 알아? 바로 천경자의 주장대로 "〈미인도〉는 가짜"라고 발표했대! 하지만 지금까지도 우리나라 미술계는 〈미인도〉가 천경자의 '진짜 그림'이라는 주장을 굽히지 않고 있어.

〈미인도〉가 가짜라면 현대미술관이라는 국가기관에 대한 신뢰가 떨어지는 것을 걱정했기 때문이 아닐까, 조심스레 짐작할 뿐이야.

진흙탕에서 핀 가장 큰 연꽃

이처럼 천경자의 인생에는 시련이 많았어. 그런데 인정하기는 싫지만, 사실 누구나 세상을 살아가면서 슬픔과 어려움을 겪기 마련이야. 평생 아무런 고통 없이 사는 사람은 없어. 천경자도 예외는 아니었던 거고. 그러나 천경자는 고통 속에 머무르는 걸 택하지 않았어. 혹시 아름다운 연꽃은 맑은 물이 아니라 진흙탕에서 핀다는 사실 알아? 천경자는 진흙탕 같은 고통 속에서 기어코 한 송이 연꽃 같은 그림을 피워 낸 사람이야. 천경자에게 아픔이란 예술혼을 불태우는 연료였던 셈이지. 천경자는 시련은 우리를 좀 더 성숙하게 하고, 성장시키는 역할도 한다는 걸 증명했어.

〈미인도〉 가짜 그림 논란이 벌어진 이후에 보인 천경자의 태도도 마찬가지였어. 천경자는 1998년 11월, 자신의 작품 아흔세 점과 물감과 붓 등 그림 도구, 그림에 대한 권리까지도 모두 서울시립미술관에 기증했단다. 이 결정은 정말 놀라워. 세상으로부터 받은 상처를 앙갚음하는 쉬운 선택 대신 그녀는 오히려 세상에 자신의 목숨 같은 작품을 조건 없이 내어 주는 결정을 했으니까. 그렇게 아픔을

승화하고 치유한 셈이야. 작가의 승인을 받은 '진짜 그림'들은 현재 서울시립미술관 천경자컬렉션 전시실에서 항상 볼 수 있어. 사람들은 천경자의 슬프고도 아름다운 그림을 통해 여전히 많은 위안을 받고 있지. 그녀의 그림이 오랜 기간 사랑받고 유명한 건 바로 이 때문이 아닐까?

천경자의 다른 작품들도 보고 싶니? 그러면 서울시립미술관에 놀러 가 봐. 서울시립미술관에는 천경자의 그림을 늘 볼 수 있는 상설전시실이 있거든. 웹사이트에서도 천경자의 작품을 감상할 수 있어.

* 서울시 중구 덕수궁길 61 * 매주 월요일, 1월 1일 휴관(월요일이 공휴일인 경우 개관)

우리학교 어린이 교양

왜 유명한 거야, 이 그림? : 한국 미술

초판 1쇄 펴낸날 2025년 2월 10일

글 이유리
그림 허현경
펴낸이 홍지연

편집 고영완 전희선 조어진 이수진 김신애
디자인 이정화 박태연 박해연 정든해
마케팅 강점원 최은 신예은 김가영 김동휘
경영지원 정상희 배지수

펴낸곳 (주)우리학교
출판등록 제313-2009-26호(2009년 1월 5일)
제조국 대한민국
주소 04029 서울시 마포구 동교로12안길 8
전화 02-6012-6094
팩스 02-6012-6092
홈페이지 www.woorischool.co.kr
이메일 woorischool@naver.com

ISBN 979-11-6755-301-0 73600

- 책값은 뒤표지에 적혀 있습니다.
- 잘못된 책은 구입한 곳에서 바꾸어 드립니다.
- 본문에 포함된 사진과 그림은 가능한 한 저작권과 출처 확인 과정을 거쳤습니다.
  그 외 저작권에 관한 사항은 (주)우리학교로 연락 주시기 바랍니다.
- KC 마크는 이 제품이 공통안전기준에 적합하였음을 의미합니다.

만든 사람들
편집 조어진
디자인 정든해